김형석, 백 년의 지혜

105세
철학자가
전하는

세기의
인생론

김형석,

김형석 지음

백 년의
지혜

21세기북스

젊은 세대에게 남겨주고픈
삶의 깨달음이 있다

40년이 지났다. 65세 정년으로 대학을 떠나면서 후배들에게 농담 섞인 이야기를 했다. "오늘 늦둥이로 대학을 졸업하는데 여러분과 함께 사회에 나가 일하고 싶어요." 앞에 앉았던 제자 교수가 빙그레 웃고 있었다. 그리고 제2의 인생을 시작했다. 안병욱 교수, 김태길 교수와의 말 없는 약속도 있었기에 우리 셋은 서로 위해주는 사랑이 있는 경쟁을 시작했다.

열심히 공부하면서 일했다. 평소에 소원했던 네 권의 철학 저서도 끝냈고 사회적 봉사에도 참여했다. 일의 공간이 넓어질수록 사회는 감당할 수 없을 정도의 시대와 국가적 사명에 가까운 의무를 안겨주었다. 60세에서 75세까지는 왕성한 인간적 성장, 학문과 사상적 짐을 요청해 왔다. 80세까지는 대학에 있을 때보다 더 많은 일을 했다. 사상적 창조력에는 큰 어려움 없이 일할 수 있었다.

우리 셋은 80세 가까이 유지해 온 정신과 문화적 봉사를 90세 까지 연장해 보자고 다짐했다. 두 친구는 90세 전후까지 한국인들의 정신적 가치관을 위해 관심을 두다가 먼저 세상을 떠났다. 나는 혼자가 되었다는 외로움과 고독감에 휩싸였다. 더 일하기에는 늙었다고 생각했다. 주어진 인생을 아름답게 마무리해야겠다고 다짐했다. 주어진 일을 끝내면서 나를 위한 안식이 주어질 것이라고 기대했다.

그런데 뜻대로 되지 않았다. 계속해서 일이 주어지고 요청되는 일은 새로운 보람으로 다가왔다. 가는 데까지 가야겠다고 생각을 바꾸었다. 95세까지는 일할 것 같다는 자신을 가졌다. 95세가 되니까 정신적 노력에는 변화가 없는데, 신체적 한계와 노쇠현상이 인간적 성장과 활동을 저해한다는 사실을 느꼈다. 나 자신이 신체적 늙음을 극복하면서 정신적 과업을 담당하는 갈등과 모순이 뚜렷했다.

97세가 되었다. 한 일간지에서 그해에 좋은 저서를 남긴 국내

저자 10인을 발표했는데 나도 그중 한 사람이었다. 나머지 9명은 60~70대였는데 나만 90대 후반이었다. 내 문장력은 옛날만 못하다. 형용사도 줄어들고 정서적 감정도 감퇴했다. 그러나 사상적으로는 내가 앞서 있었다고 스스로 위로하며 자신에게 다짐했다. '너 아직도 늙지 않았다. 잘하면 100세까지 일할 수 있을지 모른다.'

99세 때였다. 《동아일보》와 《조선일보》에서 칼럼을 연재하기 시작했다. 주어지는 일은 해야 하고 사회가 원하는 일은 거절하지 말자는 신념을 지키기 위해서였다. 3년간의 《조선일보》 연재를 끝내고 1년쯤 지난 후였다. 《중앙일보》에서 집필을 요청해 왔고 지금까지 계속하고 있다. 《동아일보》에는 정치와 더불어 사회문제와 사상을 주제로 삼고, 《중앙일보》에는 백 년 동안의 인생 경험을 통해 현대인들과 나누고 싶은 문제를 제시해 본다. 시대와 사회적 한계, 세대 간격을 넘어 취급해야 하는 문제가 많았기 때문이다.

최근의 일이다. 강연을 끝냈는데 청중 한 사람으로부터 지금까지 이렇게 많은 일을 하게 된 원동력이 무엇이냐는 질문을 받았다. 부끄럽지만 좋게 평가한다면 '사랑에서 주어진 지혜'라고 느꼈다. 나 자신보다 더 사랑하는 사람과 일이 있었고 그 사랑을 실천해 가는 동안에 주어진 '삶의 지혜'가 원천이었던 것 같다. 남보다 많은 가족을 진심으로 사랑했다. 교육계에 있을 때는 누구보다도 제자들을 사랑하며 위하고 싶었다. 일제강점기 시절과 공산 치하에서는 사랑을 주고받을 상황이 못 되었다. 그래서 '사랑이 있는 교육이 세상을 바꾼다'라는 신념을 갖고 제자들과 함께하고 싶었다. 자유와 인간애가 넘치는 대한민국 건설이 필생의 사명일 수밖에 없었다. 그런 백 년의 세월이 부족하지만, 후대들에게 남겨주고 싶은 지혜를 갖게 했다면 나에게 주어진 인생이 우리 모두의 삶과 가치로 나타나지 않았을까 스스로 위로해 본다.

이 책에 수록된 글들은《중앙일보》를 통해 독자들과 나누고 싶었던 내용들이다. '사랑이 있는 지혜'의 선물이 되었으면 좋겠다.

책이 되도록 수고한 '21세기북스' 여러분과 교정을 비롯한 잡무를 맡아준 '아가페의 집' 이종옥 이사장에게도 감사드린다.

2024년 5월에

김형석

차례

1부

무엇이 의미 있는 인생인가

2부

사랑은 결국 세상을 바꾼다

3부
선한 개인들이 자유롭고 행복해지기 위하여

1부

◇

무엇이 의미 있는 인생인가

100세가 넘어도 묻는다
"나는 왜 태어났는가"

◇
○

"나는 왜 태어났는가?" 누구나 스스로 물어보는 과제다. 제각기 인생을 살면서도 대답에는 공통점이 많은 것 같다. 나는 일찍 이 물음을 가졌다. 초등학생 때, 늦게 집에 들어서는데 어머니의 울음 섞인 목소리가 들렸다. "병신 같은 자식이지만, 생일날 저녁에 조밥을 어떻게 먹이겠느냐?"라는 탄식이었다. 나는 문을 열고 들어서면서 "엄마! 나 괜찮아. 영길네 집에서 '오늘이 장손이 생일인데 우리 집에서 저녁 먹고 가라'고 해서 이팝에 고기도 먹었어. 저녁 안 먹어도 돼"라고 거짓말을 했다.

항상 어머니가 내 꺼져가는 촛불 같은 나약한 건강을 걱정했기 때문에 그런 거짓말이 쉽게 나왔다. 어머니는 "그럼 됐다. 아버지나 드시면 되니까 우리는 걱정할 필요가 없겠다"라고 했다. 그날 밤 나는 배고픔을 참으면서 '나는 왜 태어났지. 어머니를 위해서라도 태어나지 말았어야 했는데…'라고 생각했다.

가난과 병에
절망했던 소년 시절

열네 살 이른 봄이다. 초등학교를 졸업한 나는 버림받은 소년이 되었다. 가난과 병 때문에 중학교에 갈 희망도 없고 앞길이 암담했다. 그래서 교회에서 배운 기도를 드렸다. '하느님, 나도 다른 사람과 같이 어른이 되도록 살게 해주시면 나를 위해서가 아니라 아버지를 위해 열심히 일하겠습니다'라는 기도였다.

나는 살기 위해서 태어났다는 생각을 했다. 그 기도는 버림받지 않았다. 중학 1학년 크리스마스 때 나는 '앞으로는 예수님이 나와 함께 계시기 때문에 혼자가 아니다'라는 인생을 시작했다. 그러나 중학 생활은 참담하고 가혹했다. 일제강점기 신사참배 거부로 자퇴했다가 되돌아가야 했고, 숭실중학교는 폐쇄되고 일본 학교에서 졸업했다. 나의 10대 인생은 최악의 시절이었다. 그런 시련을 겪으면서 많은 것을 깨달았다. 나라를 걱정하면서 살아야 한다는 다짐이 그때부터 형성되어 지금까지 이어지고 있다.

살아 있는 사람은 자신을 사랑하며 키워야 한다. 고학을 각오하고 일본으로 대학 공부를 떠났다. 어머니는 "내가 건강한데 굶기야 하겠니. 너도 다른 친구들과 같이 집 걱정하지 말고 떠나거라"라고 말씀하셨다. 건강을 되찾은 아들이 대견스러웠고 고생을 함께 나누어 지기로 결심했던 것이다. 대학 생활 3년 반이 지나면서 내 생애에서 치러야 하는 악운이 또 찾아왔다. 학도병으로 일본군에 징집되어 전선으로 끌려가는 운명에 직면했다. 태평양 전선으로 간다면 내 삶은 종말일 수도 있었다. 그때 주님께서 나에게 주신 말씀은 '너희가 나를 택한 것이 아니고, 내가 너희를 택했다'라는 성경 구절이었다. 그 뜻은 이루어졌다.

일제 말기 도피 생활을 보내다가 해방을 맞았다. 나는 조국과 더불어 다시 태어났다. 해방의 소식을 들은 날, 새벽녘의 꿈을 지금도 잊지 못한다. 지금까지 본 적 없는 큰 태양이 동쪽 산 밑으로 지는 저녁인데, 나는 무한히 넓은 옥토에서 소에 연장을 메우고 밭을 갈고 있었다. 시간은 짧은데 일은 끝없이 많이 남아 있다는 심정이었다. 그 꿈이 나로 하여금 교육계로 진출하자, 파종과 추수는 누가 하든지 나는 마음의 밭을 갈자고 결심하게 했다. 북한에서 2년 동안 교육에 종사했다. 그러나 공산 세계는 자유와 인간애를 믿고 사는 사람이 살 곳이 못 된다. 탈북을 감행하다가 체포되었다. 5분만 일찍 잡혔어도 수용소를 거쳐 북으로 다시 끌려갔을 순간에 풀려났다.

육체가 노쇠해져도
정신은 늙지 않는다

대한민국은 나를 따뜻한 품 안에 맞아주어 오늘에 이르렀다. 우리 국민도 6·25전쟁의 폐허 속에서 무에서 유를 창건하는 새로운 탄생을 체험했고 성공으로 이끌어왔다.

30대 중반에 연세대학교로 가면서는 학문과 사상계, 교육과 사회적 활동을 넓혀가기 시작했다. 65세에 정년을 맞이하면서 가까운 친구들과 뜻을 모아 90세까지는 사회적 책임을 같이하자고 약속했고 그 뜻을 성취했다. 아흔을 맞으면서는 자신과 사회를 위해 무엇을 할 수 있을까를 찾아 일하기로 결심했다. 지금까지 강연, 집필, 몇 권의 저서를 남길 수 있어 감사하다.

지금 나는 내 긴 생애를 후회하지 않는다. 서른까지는 성실히 자신을 키웠고, 30여 년은 직장에서 최선을 다해 일했다. 일흔부터 30년은 더 열심히 일했다. 육체는 노쇠해졌으나 정신은 그렇게 늙었다고 생각지 않는다.

금년 4월은 내가 102세를 마무리하는 달이다. 자연히 100년 과거를 회상하게 된다. 장수한 것에는 감사하지만 자랑거리는 되지 못한다. 중한 것은 오랜 세월이 아니라, 누가 더 풍요롭고 보람된 인생을 살았는가이다. 물론 장수와 보람까지 다 갖춘다면 축복받은 인생이 된다. 나에게는 일이 건강을 유지시켰고 정신력이 신체 건강도 지탱해 주었다고 생각한다. 많은 고생을 했다. 그러나 그 사랑이 있는 고생이 행복이고, 행복은 섬김의 대가라는 사실을 체험했다.

◆

'아름다운 인생'을 살아라, 외모보다 중요한 것

◇

○

내가 아흔까지 살게 되리라고는 생각지 못했다. 그런 욕심을 갖지도 않았다. 두 친구 안병욱 교수, 김태길 교수와 같이 열심히 일하자고 뜻을 모았다. 셋이 다 아흔까지 일했다. 성공한 셈이다. 아흔을 넘기면서는 나 혼자가 되었다. 힘들고 고독했다. 80대 초반에는 아내를 먼저 보냈는데, 친구들까지 떠났다. "앞으로는 어떻게 하지?" 90대 중반까지는 일할 수 있을지 모른다. 그러나 100세까지 살게 될 줄은 몰랐다. 철학계의 선배와 동료 중에는 97세, 98세가 최고령이었고, 연세대학교 교수 중에도 100세를 넘긴 이가 없었다.

그래도 나름대로 새출발을 해야 했다. 생각을 정리한 결과가

'아름다운 늙은이'로 마무리하자는 소원이었다. 삶 자체와 인생을 아름답게 살고 싶었다. 우선 외모부터 미화시켜야 한다. 몸단장이다. 70~80대의 후배 교수들이 "나야 늙었는데" 하며 허름하거나 초라한 차림으로 외출하는 것을 보았기 때문이다. 옷도 하나의 예술품이다. 화려하거나 고급스러운 의상이 아니라 품격 있고 조화롭게 입어야 한다. 쉬운 일은 아니지만 관심에서 멀어지면 "나 편하면 그뿐이지" 하는 습관이 더 앞선다. 그래서 모임에 나갈 때나 강연장에 갈 때는 신사다운 품격을 갖추기로 했다.

얼굴과 자세의 미화
생각과 감정의 미화

뒤따르는 과제는 얼굴과 자세의 미화다. 내 얼굴은 절반 이상이 대머리다. 중학생 때부터 고민이었는데 지금은 스스로 보아도 어떻게 할 도리가 없다. 가발은 부자연스럽다. 자연스럽지 못한 것은 아름다움이 못 된다. 머리 색깔이라도 보기 흉한 백발이 안 되었으면 좋겠다고 걱정했다. 그런데 100세가 넘으면서 좋은 모습으로 바뀌었다. 이마가 넓어지기는 하면서도 백발이 더 생기지는 않왔다. 거울로 살펴보았다. 뒤 머리카락은 더 빠지지 않았고 약간씩 검은색으로 바뀌고 있었다. 옛날 사람들은 회춘이라는 말을 썼던 것 같다. 밖으로 말은 못하지만 더 빠지지도 말고 희어지지도 않았으면 좋겠다. 얼굴에서는 주름살이 문제다. 아침마다 세수한 뒤에는 90대 후반부터 사용하는 두 가지 화장품을 쓴다. 이마와 두 뺨은 그대로 유지되는데 입 언저리에는 주름살이 깊어진다. 못 본 체하고 주시하지 않기로 했다.

그러나 아름다운 늙음을 위해서는 더 큰 과제가 있다. 아름다운 감정과 정서적 건강이다. 생각과 감정을 미화시켜야 한다. 옷이나 얼굴보다 몇 배나 힘든 정신적 작업이다. 가장 중요한 것은 노욕이다. 나이 들수록 욕심은 줄이고 지혜가 앞서야 한다. 그런데 지적 수준이 떨어지고 자제력이 약해지면 젊었을 때 채우지 못한 노욕에 빠지기 쉽다. 욕심쟁이 어린 시절로 돌아가기도 한다. 거기에 치매까지 겹치면 보기 싫은 늙은이가 된다. 손주와 싸우는 할아버지가 될 수도 있다.

내 주변에는 그런 늙은이들은 없다. 그런데 돈과 명예 때문에 노욕을 부리는 실수를 범할 가능성은 잠재되어 있다. 주로 다른 사람과 비교해 보거나 장년기에 갖지 못했던 욕망을 극복하지 못하는 사람들이다. 아름다운 늙음을 위해서는 욕심, 다시 말하면 소유욕을 버려야 한다. 지혜로운 늙은이는 그 욕망의 대상을 후배들에게 돌린다. 후배와 제자들을 칭찬해 주며 키워주는 선배가 되어야 한다.

　나 같은 나이가 되면 자제력이 약해진다. 좋지 못한 옛날의 습관이 튀어나온다. 칭찬보다 욕하기 좋아하는 사람도 있고 인정받고 싶은 잠재력 때문에 혼자서 대화를 독차지하기도 한다. 내 주장이 옳다는 자세다. 수준 낮은 정치인과 근본주의 신앙을 가진 지도자도 실수를 한다. 대화의 분위기를 해치며 내 생각과 다른 사람을 존경스럽게 받아들이지 못한다. 침묵과 겸손이 미덕이라는 예절을 지키지도 못한다.

선한 인생의 결실
인생의 아름다움

지금 나는 존경스러운 두 선배를 기억에 떠올린다. 철학과 선배인 정석해 선생이다. 미국에 갔다가 97세일 때 찾아뵈었다. 20년이나 연하인 나를 귀빈과 같이 대해주었다. 그 말씀과 향기는 너도 늙으면 나같이 품위 있는 인격을 갖추어달라는 자세였다. 나를 그렇게 대해주었기 때문에 더욱 존경하는 마음을 가졌다.

또 한 사람은 나와 나이가 비슷한 황 목사님이다. 심장병으로 고생하고 있었다. 심한 고통을 겪고 있으면서도 예전과 다름없이 미소와 사랑이 풍기는 표정을 간직하고 있었다. "김○○ 장로의 얘기를 듣고 오신 것 같습니다. 제 건강은 괜찮습니다. 공연히 여러분에게 걱정을 끼쳐 죄송합니다. 회복되면 또 교회에서 뵈어야지요…"라면서 여전히 온화하고 밝은 모습을 갖추고 있었다. 인사를 나누고 돌아왔는데 20여 일 후에 세상을 떠났다. 교우들에게 어렵고 힘들다는 모습을 끝까지 보여주지 않았다.

정석해 교수는 4·19 교수 데모를 주도한 애국자였고, 황 목사는 어린이와 청소년을 위해 생애를 보낸 분이다. 두 분에게는 애국심과 청소년을 위한 기도의 마음이 사라지지 않고 있었다. 그 인격과 삶 자체의 향기를 끝까지 간직하였다. 아름다운 노년기는 역시 수양과 인격 그리고 어떻게 살았는가에 있다. 보통 사람은 흉내 낼 수 없는 풍성한 마음의 열매였다. 나는 과연 고귀한 인생의 목표를 갖추었는가를 묻게 된다. 인생의 아름다움은 선한 인생의 결실이다. 이웃과 사회를 얼마나 사랑했고 무엇으로 보답했는가는 생애의 유산이다.

나를 반성시킨
사랑의 힘

◇

○

오래전에 있었던 사건이다. 경북 안동의 한 고아원에 이(李)라는 성을 가진 소년이 있었다. 18세가 되면서 규정에 따라 고아원을 떠나게 되었다. 이 군은 먼저 군복무를 마치고 앞날을 개척해 보겠다는 계획으로 군에 입대했다. 제대한다고 해서 주어진 직장은 물론 갈 곳조차 없는 처지여서 그대로 군에 남아 직업군인이 되겠다고 결심했다.

중사까지 진급은 했으나 외롭고 쓸쓸함은 가중되어 갔다. 면회를 오는 사람도 없고 휴가를 나가도 고아원밖에 갈 곳이 없었다. 정을 나눌 사람은 물론 사랑의 줄까지 끊어졌음을 느꼈다. 이 중사는 자신의 운명과 장래를 생각할 때마다 자학감이 더해졌다. 나 같은 사람은 세상에 태어날 필요도 없고 누구를 위해 살고 싶다는 의욕까지 상실했다.

오래전 안동에서
일어난 비극

어느 날 이 중사는 신병들에게 실탄 훈련을 시키다가 수류탄을 군복에 넣고 탈영했다. 안동 거리를 거닐며 막걸리도 마시고 헤맸으나 이제는 더욱 몸 숨길 곳까지 없어졌다. 그때였다. 문화극장에서 영화 관람을 끝내고 나오는 사람들을 보았다. '너희는 모두 행복하고 나만 저주받은 인생을 살라는 법이 있느냐'라는 생각을 하면서 수류탄 핀을 뽑아 군중 속으로 던졌다. 몇 사람의 사상자가 생겼다. 이 중사는 현장에서 붙잡혀 헌병에 넘겨졌다.

큰 사건이었기 때문에 직속상관은 모두 군복을 벗었고 이 중사는 군사재판에 넘겨져 사형 언도를 받았다. 이미 각오한 바였던 이 중사는 유일하게 방문하는 군목의 면회까지도 거절하고 죽음을 맞기로 작심했다.

몇 차례 이 중사를 찾아갔으나 만나지 못한 군목은 깊은 고민에 빠졌다. 무엇이 이 중사가 범죄를 저지르게 했는가. 사랑의 단절이다. 사랑이 없었고 사랑의 가능성도 빼앗긴 이 중사는 살아갈 수가 없었던 것이다.

누군가가 그를 사랑하고 이 중사도 사랑하는 사람이 있어야 했다. 계속해서 이 중사를 위해 기도를 드리던 군목은 이 중사를 찾아가 눈물로 호소했다.

"이 중사 너만이 죄인이 아니다. 나도 너를 사랑하지 못한 죄인 중 한 사람이다. 너를 사랑해 주지 못한 나와 우리 모두의 죄를 네가 먼저 용서해 주기 바란다."

그 얘기를 들은 이 중사는 흐느끼기 시작했다.

"저는 사랑을 받지 못했기 때문에 아무도 사랑하지 못했습니다. 나도 사랑하는 사람이 있었다면 그 사람을 위해서라도 이런 범죄는 저지르지 못했을 것입니다."

둘은 손을 잡고 함께 울었다. 군목이 조용히 입을 열었다.

"과거에도 너를 사랑했고 지금도 사랑하고 앞으로도 네 영혼을 사랑해 주실 분이 계시는데 그분에게로 가자."

"그분이 누구입니까."

군목은 "하느님 우리들의 아버지시다"라고 설명했다. 그 만남

1부 · 무엇이 의미 있는 인생인가

이 계기가 되어 이 중사는 신앙을 갖게 되고 기도를 드리고 성경을 읽었다. 언제 처형될지 모르기 때문에 서둘러 세례까지 받았다. 많은 신앙의 대화를 나누다가 이 중사가 "목사님, 제가 죽을 때 장기를 기증하면 몇 사람의 목숨을 구할 수 있다고 들었는데 가능하면 저도 마지막 사랑을 남기고 싶습니다"라고 했다. 그 가능성을 알아본 군목이 "네 눈을 누구에게 줄 수 있다"라고 했다. 다른 장기는 총살형이어서 기증이 허락되지 않았다. 그런 과정을 거쳐 이 중사는 세상을 떠났다.

얼마의 세월이 지난 후, 나는 우연한 기회에 그 사형장에 참석했던 안과 군의관에게서 이 중사의 마지막 상황을 들었다. 앰뷸런스에서 내린 이 중사가 군목 앞으로 다가왔다. 군목이 "유언이 있으면 남기라"라고 했다. 이 중사는 "없습니다. 안과 군의관님 오셨어요?"라며 군의관을 찾았다. 이 중사가 "군의관님, 저는 육신의 눈은 떴으나 마음의 눈을 뜨지 못해 큰 죄를 범했습니다. 내 눈을 받는 사람은 육신의 눈만이 아니라 마음의 눈도 떠서 나 대신 여러 사람에게 사랑을 베풀어달라고 얘기해 주세요"라는 말을 남겼다. 그리고 아주 조용히 군목과 찬송을 부르다가 떠나갔다고 했다.

또 긴 세월이 지났다. 내가 캐나다 해밀턴 한인교회에 들렀는데 참석했던 한 목사가 "제가 그때의 군목이었습니다. 이 중사를 하느님 아버지께로 보내주었습니다"라고 했다. 군목을 끝내고 캐나다에 와 한인교회에서 봉사하고 있었다.

오늘날의 이 중사에게
내밀어야 할 사랑의 손

지금은 아름답고 슬픈 사연을 남기고 모두 세상을 떠났을 것이다. 17~18년 전이다. 일본 나고야에 있는 일본인 교회의 초청을 받아 설교한 적이 있다. 그때 이 중사 얘기를 했다. 모두 감명 깊게 들었다. 예배를 끝내고 담임목사의 안내를 받아 바닷가에 있는 한 식당에서 식사를 같이하게 되었다. 그때 내 맞은편에 앉아 있던 권사가 "오늘 남편과 함께 예배에 참석했는데, 제 남편이 설교를 들으면서 눈물을 닦기는 처음이었다"라고 했다. 목사님이 "다른 교우들도 그랬을 겁니다"하고 공감해 주었다.

그 설교 때 나는 "많은 사람이 범죄자를 보고 대할 때 엄벌에 처해야 한다고 말합니다. 나도 그랬습니다. 그러나 그가 죄를 범하기 전에 사랑이 있는 손으로 잡아주는 사람이 있었다면 그 사람은 범죄를 저지르지 않았거나 못했을 겁니다. 크리스천은 버림받은 사람을 위해 먼저 손을 잡아주는 의무를 감당해야 한다고 생각합니다"라는 말을 남겼던 것을 지금도 기억하고 있다.

그런데 최근에는 이 중사 같은 사람을 너무 많이 대하기 때문에 신앙의 문제를 떠나 우리가 모두 먼저 사랑의 손을 내밀어 잡아주어야 한다. 종교계나 교육계는 물론 정치지도자까지도. 그 이유는 간단하다. 우리 모두의 책임이기 때문이다.

아내가 떠나도
내가 울지 못한 이유

◇

○

내 아내가 병중에 있을 때였다. 대학 동창인 정 교수의 얘기다. 요사이 우리 동네 교수 부인들은 김 교수 칭찬이 대단해서 남편들의 위신이 말이 아니라는 것이다. 정 교수 부인도 "당신은 내가 중병에 걸린다면 20년 넘게 뒷바라지할 수 있어?"라고 해 "5년은 할 수 있어"라고 농담했다가 구박을 받았다면서 웃었다.

회갑 즈음에 아내가 심한 뇌졸중으로 쓰러졌다. 주치의도 수술은 했으나 희망이 없다면서 외국에 나가 있던 아들딸들에게 시급히 귀국하기를 권고했다. 나도 각오를 하고 있었다. 그런데 기적같이 목숨은 구할 수 있었으나 언어기능을 상실했다. 세브란스 교수들도 강의 시간에 학생들에게 특별한 환자 중 한 사람으로 소개할 정도였다. 미국에 사는 의사 사위의 도움으로 미국 병원에서도 치료를 받았고, 2년 후부터는 세브란스병원과 집을 오가면서 20년에 걸친 세월을 지냈다. 그러다가 의사들의 권고와 가족의 양해를 얻어 병원 치료를 단념하기로 했다. 내가 중환자실에 들어가 아내의 손을 잡고 마지막 기도를 드렸다. 그런데 의식이 없는 줄 알았던 아내가 기도를 끝냈을 때 또렷이 "아멘"이라고 했다. 놀랍게도 20여 년 만에 들려준 마지막 말이다. 아내를 다시 집으로 퇴원시키고 3년 동안 가정치료를 계속하다가 우리 곁을 떠났다.

그러니까 교수촌 동네에서는 내가 '모범적인 남편'이라는 부담스러운 명예를 얻게 된 것이다. 최근에는 몇 제자 교수들이 내가 큰일이나 한 듯이 존경스러운 마음을 갖는 것 같아 다음과 같은 인생담을 해주곤 한다.

사랑은 인간다움의
정상적인 과정이다

남녀가 사춘기를 맞이하면서부터 느끼고 갖는 사랑은 주로 '연정'

이다. 우리는 흔히 '연애'라고 한다. 어떤 사람들은 그 과정을 늦게 밟거나 경험하지 못하는 사람도 있다. 어려서 동승이 되거나 수녀나 신부가 되는 사람도 그렇다. 어떤 종교인들은 연애는 세속적이며 성스럽지 못한 사랑이라고도 했다. 그러나 그것은 인간다움의 정상적인 과정이라고 생각한다. 나와 비슷한 시대의 젊은이들은 중매결혼을 했기 때문에 연애 과정을 거치지 않고 결혼한 경우가 많았다. 그래서 뒤늦게 연애 감정에 빠져 이혼을 하거나 혼외 바람을 피우는 경우가 적지 않았다.

내 친구 H 교수는 마흔까지 연구 생활만 하다가 친구들이 떠밀어 미혼으로 있던 제자와 결혼을 했다. 그 교수는 자기는 연애 기간이 없어 헛되이 청춘을 보냈다고 후회한다. 제자와는 엄격한 사제 관계뿐이었기 때문이다. 그 얘기를 들은 다른 친구가 부인 몰래 연애를 해보라고 했다. 연애는 본래 몰래 즐기는 비밀이라고 놀리기도 했다. 그 H 교수는 비슷한 친구를 만나면 연애해 보았느냐고 묻곤 했다. 큰 손해를 본 것 같은 모양이었다. 60~70대 올드미스도 사랑의 상대를 만나면 연애 감정을 갖는다. 이성에 대한 제1단계이기 때문이다. 그 단계를 지나 결혼을 거쳐 가정을 이루고 아들딸까지 낳게 되면 연애 감정은 약화하면서 사라진다. 그 후부터의 감정이 애정이다. 연애를 포함하면서 승화한 사랑이다. 연애의 완성이 사랑이라고 보아도 좋을 것 같다. 연애의 독점 욕망이 상대방을 위해주는 함께함과 희생의 단계까지 올라가게 된다. 폐쇄적 연정이 열린 사랑으로 넓어진다.

그러다가 자녀를 낳게 되면 우리가 흔히 말하는 '가정'이 된다. 가정은 부부 중심의 한계를 넘어 사회적 삶의 단위다. 그래서 자녀를 키워본 부부의 입장에서 보면 부부만의 가정은 사회적으로 완성된 가정같이 느껴지지 않는다. 사랑의 사회적 의무를 다하지 못해 보이기 때문이다. 완전한 사랑을 체험하기 이전의 사랑인 것이다. 부부가 부모가 된다는 것은 사회적 생존의 기본 조건이다. 가족을 위해서라면 양보와 희생은 당연한 의무가 된다. 늙으면 부부 간의 사랑보다 자녀의 장래를 더 위해주는 사회적 공감대를 갖는다. 부모는 자신들보다도 자녀의 명예와 사회적 존경심을 더 소중히 받아들인다.

내 경우는 그런 과정을 밟는 동안에 아내가 불치의 환자가 되었다. 연애와 사랑의 과정을 다 겪은 뒤였다. 그때의 부부관계는 어떻게 되는가. 주어진 명칭은 없는 것 같다. 나는 그것을 '인간애'의 과정이라고 느끼면서 체험했다. 인간이기에 인간다운 사랑을 갖게 된다는 뜻이다. 옆집의 불행한 이웃도 돕는 것이 인간의 정이다. 평생 동반한 사람을 위해 10년, 20년 사랑의 짐을 나누어 갖는

것은 당연한 도리다. 그 짐을 진다는 것은 주어지는 사랑의 행복일
수 있다.

91세에 남편 보낸
아내의 기도

여성의 경우는 더욱 그렇다. 내 중학생 때 친구가 91세에 세상을
떠났다. 문상을 끝내고 부인을 만났다. "힘드셨지요?"라고 했더니
"아니에요. 무거운 짐을 내려놓은 것 같아요. 늙은 장로님을 남겨
두고 먼저 가면 안 되겠기에 장로님을 보낼 때까지 나를 건강하게
해달라고 기도드렸어요. 저는 교수님 사모님이 교수님을 혼자 남
겨두고 먼저 가면서 얼마나 마음이 아팠을까 생각했어요. 그런 생
각을 하면 감사한 위로를 받습니다"라고 했다. 그런 심정이 인간애
였을 것이다. 여성이었기에 모성애를 저버릴 수 없었을 게다.

　나도 아내를 그렇게 보냈다. 임종이 가까웠을 때 둘째 아들이
밖에 있었다. 전화를 걸어 빨리 오라고 알렸다. 여섯 자녀가 다 모
여 조용히 보내주었다. 딸들이 눈물을 닦고 있었다. 나는 울지 않
았다. 슬프기는 했으나 내가 정성 들여 보냈기 때문에 감사한 마음

도 깔려 있었던 것 같다. 제삼자가 보면 그것이 인간애의 성스러운 모습이었을지 모른다. 누구에게나 주어진 인간의 사랑스러운 자화상이었을 것 같다.

행복과 성공의 열매를 남겨준
일에 관한 태도

◇

○

가난은 팔자였던 것 같다. 30대 중반에 연세대학교로 직장을 옮길 때도 그랬다. 27세에 탈북하면서 무일푼 신세가 되었다. 중앙학교에서 6~7년 있는 동안에 겨우 경제적 안정을 찾았다. 전셋집도 장만했고 하고 싶었던 일의 계획도 세우고 싶었는데 6·25전쟁이 터졌다. 전쟁 중에 북한에 3년 동안 남겨두고 왔던 큰딸과 모친, 고등학교와 대학에 갈 나이의 동생들이 합류했다. 대학으로 직장을 옮기면서는 중고등학교 교감 때 모여 살던 사택도 떠나야 했다. 나한 사람의 수입으로 열 명이나 되는 가족을 부양하는 경제적 빚쟁이가 되었다.

수입보다 더 중요한
일의 가치

대학에 가면서부터 3~4년 동안은 수입을 위해 무슨 일이든 삼가지 않았다. 교수의 부수입은 다른 대학에 시간강사로 가는 일이다. 여러 대학에 나갔다. 야간대학까지 갔으니까. 그렇다고 새내기 교수에게 주어진 강의를 소홀히 할 수는 없었다. 건강을 해칠 정도로 힘들었다. 3년쯤 후에 한 대학에서 전임대우를 해주겠다는 요청을 받았다. 겨우 재정적 안정도 뒤따르게 되었다. 두 동생은 대학과 고등학교로 보내고 여섯이나 되는 어린 것들도 제자리를 찾게 되었다. 그렇게 3~4년이 지난 뒤였다.

어떤 주초에 대구에서 제자가 찾아왔다. 대구의 중고등학교 교사들의 수련회가 있는데 토요일 오후에 강연을 맡아달라는 요청이었다. 나는 같은 시간에 삼성그룹에 강연 약속이 있어 갈 수가 없고 좋은 강사를 소개해 주면 어떻겠는가 하고 제안했다. 제자는 교장회의 결정이기 때문에 자기는 빈손으로 돌아가야 한다며 실망감을 감추지 못했다. 나는 고민에 빠졌다. 대구에 가면 하루 동안 고생하고 강사료는 서울의 절반도 못 된다. 그러나 500~600명이 되는 선생님들에게 강연하는 일은 너무 소중하다. 그래서 삼성의 양해를 겨우 얻어 대구에 다녀왔다.

　그 일이 계기가 되어 앞으로는 수입보다는 일의 가치를 찾아 살아가자는 뜻을 다짐했다. 더 열심히 많은 일을 했다. 일을 사랑한다는 뜻이 무엇인지 깨닫게 되었다. 그런데 예상 못 했던 결과를 발견했다. 수입을 위해 일할 때는 피로하고 어떤 때는 일을 멀리하고 싶기도 했다. 그런데 일의 보람을 찾아 할 때는 피곤이나 일에 대한 혐오감 같은 것이 없어졌다. 또 다른 변화도 뒤따랐다. 수입을 위해 하는 일은 수입과 더불어 끝나곤 했다. 그런데 일을 찾아 일을 선택했을 때는 일이 또 다른 일을 만들어 더 많은 일을 하고 수입도 자연히 늘어나기 시작했다. 일의 성취감에서 오는 행복이 무엇인지 터득할 수 있었다. 일에 대한 사랑이 행복과 성공의 열매를 남겨준 것이다.

인간다운 삶을 위한
일의 목적

그렇게 사는 동안에 일흔 중반을 넘기게 되었다. 우연한 기회에 일의 새로운 가치관에 도달하게 되었다. 그때까지는 100명의 사람이 100의 일을 하면 일의 목적이 100인 줄 알았다. 그 생각이 잘못이었던 것이다. 100명의 사람이 100의 일을 해도 일의 목적은 다 같은 하나인 것임을 깨달았다. 우리가 하는 모든 일은 그 일을 통해 좀 더 많은 사람이 인간다운 삶과 행복을 찾아 누리는 데 있다는 사실을 체험한 것이다. 실업가는 기업을 통해 더 많은 사람이 인간다운 삶과 행복을 찾아 누리는 데 가치가 있다는 사실을 깨닫게 된 것이다. 정치인은 선한 정치를 통해 국민의 행복과 자유로운 삶을 베푸는 책임을 갖는다. 교육자는 제자들과 더불어 학원과 사회에 이바지함으로써 정신적 가치와 문화의 수준을 높여주기 위해 일한다.

그런 일의 공동체와 사회적 가치에서 목적을 찾게 되니까 경제관에 또 다른 변화가 찾아왔다. 나를 위한 수입이 일의 가치와 목적이 아니라 경제적 가치를 베풀 수 있어 더 많은 이웃과 사회에 도움이 된다면 베푸는 것이 경제의 바른길임을 알게 되었다. 내가 돈과 비용을 쓰더라도 그들을 도와야 한다는 의무감도 갖게 되었다. 경제 가치는 소유보다 건전한 베풂 없이는 모두가 행복해질 수 없다는 사실을 발견했다. 어떤 때는 재정이 부족하더라도 뜻을 같이하는 친구의 도움을 합쳐서 문화적 봉사를 하는 경우도 생겼다. 그래야 그 사람들이 행복해지며 사회가 성장할 수 있기 때문이다.

김형석, 백 년의 지혜

그 대가가 있다면 경제적 가치에서 오는 보람이며 고맙고도 감사한 삶의 체험이다. 존경스러움이 무엇인지 깨닫게 되고 많이 베푸는 사람이 경제 가치의 창조자임을 자인하게 된다. 그리고 무슨 일이 더 가치 있는 일이며 어떤 일이 반사회적이며 배척받아야 할 경제관인지 깨닫게 된다. 교통부 장관이 되어 국민 교통에 혜택을 주지 못하는 사람보다는 버스 운전기사가 되어 수많은 손님에게 따뜻한 봉사를 하는 일이 소중함을 발견하게 된다. 국회의원에 당선되었다고 스스로를 높이는 사람보다는 농업기술을 개발해 농가 수입을 올려주는 전문가에게 감사해야 한다.

이런 상식적이면서도 당연한 경제관을 갖게 되면 우리 모두가 지금 하고 있는 일의 사회적 가치를 재발견하게 된다. 나에게 주어진 일을 어떻게 대하는가, 열심히 일해야 나도 즐겁고 상대방도 행복해지기 때문이다. 그리고 이런 마음과 노력을 함께하는 사람이 많아지면 대한민국 전체가 삶의 가치와 행복을 누릴 수 있다. 내가 부해지기보다는 모든 국민이 행복해져야 나도 자연히 부하고 행복해질 수 있기 때문이다.

내가 1962년에 세계 일주 여행을 끝내고 귀국해서 쓴 여행기가 있다. 잘사는 선진 국가를 다녀보니까 우리 국민의 가난함이 눈물겹게 한스러웠다. 그래서 내가 우리나라에서 제일 가난하고 모두가 나보다 부하게 잘사는 나라가 되었으면 좋겠다는 글을 남긴 적이 있다. 지금은 베푸는 사람이 부해진다는 사실을 깨닫게 된 셈이다.

격동의 한국 현대사,
왜 내 꿈에
미리 나타났을까

나는 비교적 꿈을 많이 꾸는 셈이다. 생리적 반응으로 생겼다 사라지는 꿈. 프로이트의 설명에 따르면 꿈은 인간의 잠재의식이 시간 제한을 받지 않고 나타나는 현상이다. 그런데 나는 삶의 격동기를 치르면서 어떤 영감(靈感)으로서의 꿈도 경험해 온 것 같다. 25세 때, 해방과 더불어 15~16년 동안은 더욱 그랬다.

1945년 8월 14일 밤, 아무런 생각이나 소원도 없이 잠들었을 때였다. 누군가의 안내를 받아 진남포로 갔다. 넓은 바닷가에 중학생 때부터 나를 키워준 마우리(E. M. Mowry) 선교사가 기다리고 있었다. 우리 주변에는 엄청나게 큰 널판자로 지은 창고 두 개가 있었다. 목사님은 나를 이끌고 창고로 가 문을 열었다. 높은 창고 꼭대기까지 일본인 시신이 가득 차 있었다. 바닷물 때문이었을까. 시신은 모두 부풀어 있었다. 놀라서 문을 닫고 다음 창고로 갔다. 그 창고 안에도 일본인 시신이 가득 쌓여 있었다. 살펴보니까 대학 동창들의 시신도 끼어 있었다. 깜짝 놀란 우리는 창고 밖으로 나왔다. 온 세상이 조용했고 집과 사람의 흔적도 보이지 않았다. 역사의 사건을 보여주기 위한 분위기로 가득 차 있었다. 꿈이었다. 다시 잠들었다.

동쪽 산 너머로 진
붉은 태양

새벽꿈이다. 역사의 저녁 같았다. 나는 한없이 넓은 들 한 모퉁이에서 소에 연장을 메우고 뒤따라 밭을 갈고 있었다. 큰 쟁반같이 붉은 태양이 서쪽이 아닌 동쪽 산 너머로 내려가고 있었다. 저 해가 지면 어둠이 찾아올 텐데, 한없이 넓은 이 땅을 어떻게 다 갈 수 있을까를 고민하다가 꿈에서 깨어났다. 시간과 역사의 흐름이 정지된 듯싶었다.

아침에 부친에게 꿈 얘기를 했다. 생각에 잠겼던 부친이 "내가 네 나이였을 때 꿈이었다. 동쪽 산 위로 무수히 많은 작은 태양이 떠올라 온 세상에 가득 차는 꿈을 꾸었다. 그리고 얼마 후에 일본의 일장기가 세상을 가득히 메웠는데…. 혹시 무슨 소식이 있을지 모르겠다. 평양으로 가봐라"라고 했다. 그날 낮 12시, 일본 천황의 방송이 전해졌다. "일본군은 무조건 항복하고, 전쟁은 끝난다"라는 선포였다. 우리 민족에게는 새 역사가 시작되었고, 나는 교육계에서 밭을 갈기 위해 긴 인생길을 출발하게 되었다.

1950년 정월 초하룻날, 새벽의 꿈이다. 어떤 소리의 예감에 놀라 문을 열고 밖으로 나섰다. 내가 들은 소리는 수없이 많은 군인이 중무장하고 넓은 길 남쪽으로 행진하는 발소리였다. 북쪽을 바라보았다. 군대 행렬이 한없이 길었다. 멀리 그 배후에 커다란 초상화가 나타났는데, 소련의 스탈린 사진이었다. 나는 놀라서 '공산군'이 일으킨 전쟁이라고 생각했다. 군대의 모습이 동서양을 가리지 않는 체격과 군복이었다.

6개월 후에 6·25전쟁이 발발했다. 그해 봄부터 북에서는 몇 가지 이해하기 어려운 군사행동이 있었다. 여기저기서 국지적인 전투가 벌어졌고, 고당 조만식을 남으로 보낼 테니까 서대문형무소에 수감되어 있는 공산당 지도자 이주하, 김삼룡과 교환하자는 연락을 취하기도 했다. 그러면서 대한민국의 군사력과 무기 종류 등을 점검했고, 평화를 가장한 인적 교환을 제안했다. 그리고 6월 25일에 전쟁이 발발했다. 나는 정초 새벽꿈이 연상되어 26일 월요일에 봉직하던 중앙중고등학교에 들어서면서 심형필 교장을 찾았다. 이번 군사행동은 틀림없는 전쟁이니까 학교에서 은행에 맡겨둔 적금을 찾아 3개월씩의 봉급을 선불해 주었으면 좋겠다고 제안했다. 어차피 공산군에게 빼앗길 돈이기 때문이다.

심 교장은 생각에 잠겼다가 교주인 인촌 김성수 선생이 허락해 주실지 걱정했다. 나는 선불해 주었다고 해서 손해 볼 것은 없지 않느냐고 강조했다. 심 교장의 얘기를 들은 인촌은 사리 판단이 넓은 분이었다. 그렇게 중앙학교 교직원은 어려운 3개월을 편히 지낼 수 있었다. 3개월 후 서울이 탈환되었으니까. 나도 아내와 세 어린 것들을 서울에 남겨두고 부산까지 피난 갈 수 있었다.

1960년 4월 10일 밤의 꿈이었다. 한밤이었다. 그러나 밤도 아니고 낮도 아닌 빛은 멀리까지 바라볼 수 있었다. 내가 혼자 서울시청 앞에서 광화문 네거리를 향해 걸어가고 있었다. 차량도 인적도 없고 시간과 역사도 만물과 함께 정지되어 있었다. 광화문 네거리 앞에 도달했을 때 충격적인 장면이 보였다. 네거리 한가운데 직사각형으로 땅이 패었고, 그 밑에는 예수그리스도의 시신이 십자가 모습 그대로 누워져 있었다. 가시관도 그대로였는데 순백의 시신 옆구리에서 선혈이 흘러내리는 듯이 선명하게 보였다. 어떻게 이런 일이 있을 수 있는가, 놀라 꿈에서 깨어났다. 너무 충격적이었다. 몸이 떨리고 있었다.

마산 앞바다에서 발견된
김주열 군 시신

다음 날 11일에는 마산 고등학생들이 두 번째로 이승만 정권의 부정투표에 항의하는 데모가 일어났다. 첫 번째 데모 때, 최루탄이 눈에 박혀 죽은 김주열 군을 경찰이 바다에 버렸는데, 그 시신이 발견되면서 발발한 데모였다. 대구의 중고등학생들도 뒤를 이어 항의 데모에 동참했다. 4월 18일 저녁에는 고려대생들이 당시 국회의사당이었던 현 시의회 앞까지 행진했다가 돌아가는 도중에 자유당이 조종하는 깡패들에게 폭력 습격을 받았다. 그 소식을 접한 서울 시내 모든 중고등학생과 대학생들은 울분을 참을 수가 없었다.

4월 19일에는 데모가 서울 시내를 휩쓸게 되었다. 나는 연세대생들과 데모대에 동참하면서 보호 감독하는 일원이 되었다. 데모는 늦은 저녁까지 계속되었고 마침내 경무대 앞에서부터 발포 소리가 들려왔다. 서울역 앞에서도 마찬가지 사태가 벌어졌다. 부상당한 학생들은 병원으로 실려 가고, 선량한 학생들이 희생의 제물이 되었다. 학생 218명이 희생되었다는 소식이 전해졌다. 25일에는 교수와 시민들까지 데모에 가담했고 27일에야 이승만 대통령의 하야로 막을 내렸다. 나는 지금도 4·19 묘역에 가면 그 당시의 아픈 마음을 생생히 떠올리곤 한다.

가장 인간적인 것이
가장 세계적인 것

◇

○

나의 정신적 불행은 일제강점기였던 열두 살부터 시작되었다. 고향의 초등학교는 4학년까지 다녔다. 부친이 주변 학교 중에서 칠곡의 창덕소학교가 가깝고 좋겠다고 생각해 편입 시험을 보러 갔다. 부친을 따라 교무실로 들어갔는데, 5~6학년 담임이었던 윤태영 선생이 일본어를 전혀 배우지 못해 안 되겠다고 거절했다. 그때였다. 그 광경을 보고 있던 교장 심 목사가 "학교에서 가르치지 않았는데 어떻게 알겠어요. 애가 똑똑해 보이니까 붙여주세요"라고 했다. 그때부터 해방까지 13년 동안 우리말과 일본어를 함께 배우며 살았다. 생활은 우리말로 했지만 읽고 쓰는 데는 일본어 비중이

커졌다. 식민지 민족의 슬픈 운명이었다.

그런 과거 때문에 지금도 한글 문장력이 부족하다고 느낀다. 30대 중반부터 글을 쓰기 시작했으니까 저술에 자신이 없었던 것도 사실이다. 그것뿐만이 아니다. 일찍부터 교회에 나갔고 기독교 학교에 다녔다. 내 정신과 사상의 기반이 당초 동양적인 것과는 거리가 멀었다. 더욱이 서양철학을 전공하여서 동양 및 한국 전통과는 조우할 기회가 적었다. 내 사상의 그릇에 동서양이란 대립하는 정신을 함께 담을 수 없었다.

일제강점기에 자란
세대들의 불운

나만 그런 것은 아니다. 나와 같은 세대들의 역사적 불운이었다. 서양 학문과 사상, 특히 철학을 전공한 학자나 교수들에게 주어진 공통된 숙명이기도 했다. 문자로 표출되지 않는 예술 분야도 마찬가지였다. 우리 가요나 가곡을 제외하고는 한국 전통음악을 제대로 이해할 여유가 없었다. 대학 강의를 하면서도 한국적인 정신과 전통에서 소외당하고 있는 건 아닌지 자괴심마저 들었다. 한국적인 것에 빈약한 나 자신을 인정하지 않을 수 없었다.

그러다 나도 모르게 관심을 갖게 된 분야가 회화를 중심으로 한 한국미술이었다. 사실 회화에 대한 예술 의식 비슷한 것은 대학 시절에 키울 수 있었다. 대학생 때 도쿄 우에노 공원에 있는 도쿄 도립미술관 지하 식당에서 아르바이트를 했다. 일본을 대표하는 미술관이어서 일본 회화는 물론 서양화가들의 전시회도 연중 열렸다. 식당 위층이 전시장이어서 일본화 대가들의 작품을 자주 감상하게 되었다. 그림 미술의 예술성을 조금씩 알 것 같았다.

이후 서울에서 한국 화가들의 그림을 보기 시작했다. 중국의 전통 화풍에서 벗어난 한국적인 그림에 눈을 뜨게 되었다. 좀 더 한국적인 것을 찾아보다가 문인화에 마음이 끌렸다. 선비들이 학문이나 시를 쓰다가 취미 삼아 그린 그림들이다. 궁중 화가나 전문 화가 작품보다 한국인다운 느낌이 더 물씬하였다. 그리고 민화(民畵)를 접했다. 이것이 한국 특유의 그림이 아닐까 하는 생각이 들었다. 이름난 작가도 아니고 목적이 뚜렷한 그림도 아닌 생활의 필요나 재미에서 탄생한 그림들이다. 그 수는 많지 않았으나 전국 어디에서나 찾아볼 수 있었다. 개성이 뚜렷하고, 창작열이 뜨거운 작품들이다.

몇십 년 국전을 관람하면서 동양화나 서양화의 주류를 벗어난 한국적 회화가 태어나고 있음을 확인하게 되었다. 한국 회화의 장래가 희망적으로 보였다. 그림 감상의 기쁨이 배가되었음은 물론이다. 당시 서울 골동품상에서 흔하게 볼 수 있는 옛날 도자기들도 우연히 살피게 되었다. 고려 시대 작품들은 고급스럽고 예술성이 풍부하나 중국적인 전통을 벗어나기 어려웠다. 우아한 색채와 상감이 중국 것을 능가하였지만 말이다.

조선 시대로 접어들면서는 주변국 어디에서도 찾아보기 어려운 '우리 것'의 특성이 뚜렷이 나타나기 시작했다. 종류도 다양해졌다. 그 본령을 이루는 것은 당연히 백자이다. 달항아리뿐만이 아니다. 수많은 일상용품 백자가 빚어졌다. 조선 초기의 다양한 백자는 우리 조상들의 일상과 함께하는 예술성을 품고 있다.

상당히 오랜 기간 도자기를 찾아다니면서 안복(眼福)을 많이 누렸다. 비로소 한국적인 생명력이 넘치는 예술성을 느끼는 듯했다. 이후 세계 여러 곳을 여행하면서도 도자기에 대한 애착과 관심을 내려놓지 않았다. 내 경험을 돌아볼 때 가장 많은 종류의 도자기를 소장한 곳은 튀르키예의 이스탄불박물관이다. 동서양 작품이 두루 모여 있다. 하지만 세계 어디에 가도 한국적인 것만큼 자연스러우면서도 정감 넘치는 도자기는 찾아보기 힘들었다. 조선 후기의 작품들은 생활미와 예술미, 그 둘의 조화미가 빼어나다.

생활미와 예술미
두루 갖춘 백자

가격도 부담이 적어 한두 점씩 사 모은 것이 이제 몇백 점에 이르게 되었다. 인연 있는 중고등학교에 도움이 되었으면 하는 마음에 상당수 작품을 보내기도 하고, 나머지는 강원도 양구근현대사박물관에 기증하였다. 내 기념관인 '철학의 집'에 여러 점을 비치하기도 했다. 양구근현대사박물관의 내 도자기 방에는 두 점의 문인화, 조지훈이 도자기를 예찬한 시도 걸려 있다. 규모는 작지만 지방 박물관에서는 보기 드문 전시실이 되었다.

가장 한국적인 것이 세계적이라는 말이 있다. 그 개념은 과장된 표현이다. 가장 인간적인 것이 가장 세계적인 것이라고 믿는다. 모든 국가와 민족은 인간적인 것을 간직하면서 세계적인 것이라는 평가를 받는다. 한국적인 것도 인간적인 것의 보편성에 들어가 있는 특수성을 갖는다. 그 특수성을 창조해 내는 예술가들이 우리 자신이다. 그런 생각을 정리하다 보면 우리에게 중요한 것은 인간적 공통성을 지닌 예술성이다. 핵심은 예술인 자신들의 인간적 보편성을 갖는 창조 정신이다. 그런 한국적 특수성이 모여 세계적인 보편성을 창조해 나갈 것이다.

✦

일에 대한
사랑과 열정이 주는
인생의 길

◇

○

20세가 되면서 대학 공부를 위해 일본으로 갔다. 몇 해 머무는 동안에 가장 뼈저리게 느낀 게 있다. 저렇게 열심히 일하는 국민이기에 게으른 우리 민족을 지배하고 살았구나 하는 죄책감이었다.

당시 우리 민족은 너무 나태했다. 놀고먹는 팔자가 상팔자라고 했고 노랫가락에도 "아니 놀지는 못하리라"라는 흥겨움이 깔려 있었다. 양반들은 가난에 쪼들리면서도 이쑤시개는 물고 다녔다. 배불리 먹고 나서는 모습으로 위장하기 위해서…. 내 아내 얘기도 그랬다. 어려서 친구들과 놀면서, 출가하면 우편배달부에게 가야지 농사꾼에게 가면 어떻게 하느냐 하고 걱정했다는 것이다. 우리도 일본인들과 같이 열심히 일해보았으면 좋겠다는 것이 꿈이었다.

6·25전쟁 때 부산에서 꾼
생생한 꿈

6·25전쟁 때다. 부산진에서 해운대로 가는 길가에 있는 대연동 교회에 머문 적이 있었다. 그때 꿈을 꾸었다. 누군가의 안내를 받아 산 밑에 있는 저수지로 갔다. 한없이 두껍게 얼음이 깔렸었다. 그 사람이 36년 동안 얼어 있던 얼음이 깨질 테니까 보라고 했다. 그의 말대로 연못 얼음이 깨지기 시작했다. 연못 밑을 내려다보았다. 까만 개미 떼로 보이는 사람들이 가득 있었는데, 한 마리도 멈추지 않고 분주히 일하고 있었다. 그 수많은 개미가 일본인 같다는 생각이 들었다. 상상조차 할 수 없는 장면이었다. 그때 옆에 있던 사람이 "이제 너희도 저렇게 된다"라며 불쑥 사라졌다. 무슨 꿈이었을까.

이후 20여 년이 지나 박정희 정권이 들어섰다. 우리 국민 전체가 '잘살아보자' 구호 밑에 열심히 일하기 시작했다. 정신적으로는 미숙했으나 대중을 일터로 끌어들인 '새마을 운동'이 불처럼 일어났다. 국민 전체가 일을 사랑하는 자세와 열정을 갖추게 되었다.

절대빈곤에서 벗어나 '한강의 기적'을 창출하는 변화를 만들었다.

1981년 서울대학교 사회학과에서 발표한 국민의식구조조사에 따르면 '당신은 먹을 것이 있고 생활이 안정되어도 일하겠느냐'라는 항목이 있었다. 국민의 86퍼센트가 일하겠다는 긍정적 반응을 보였다. 나는 그 수치를 보고 눈물을 느낄 정도였다. 이제 경제적 희망이 있다는 신념을 굳혔다. 6·25의 쓰라린 경험의 선물이었는지 모른다.

그 당시 호주의 호크(Robert Hawke) 총리가 우리나라를 방문했다. 크게 충격을 받은 모양이다. 호주로 돌아가 자국민에게 "한국은 지금 우리보다 경제 수준이 낮지만 곧 앞지르게 된다. 아시아에서는 일본 다음의 경제국이 될 것"이라고 극찬했다. 삼성·현대·엘지그룹을 비롯한 중견기업들 모두가 연수원을 갖고 있던 때였다. 회사 간부들이 월요일부터 토요일 오전까지는 일하고, 오후에는 연수원에 입소해 일요일까지 교육을 받았다. 호크 총리는 "그렇게 공부하면서 일하는 나라는 없다"라며 칭찬을 아끼지 않았다. 호주에서는 주말 교육은 상상도 하지 못하던 때였다. 교육 수당을 받지 않고는 절대 시간을 빼앗길 수 없다는 사고가 상식이었다.

지금과 같은 노동조합 운동은 없었다. 박정희 전 대통령은 공산국가의 노동조합은 정권을 쟁취할 때까지는 파업과 반(反)정부 투쟁을 한다는 사실과 정권을 쟁취한 후에는 절대로 파업이나 정치 비판은 못 하는 것을 알고 있었기 때문에 노동조합을 허락하지 않았다. 그때 지금과 같은 노조들의 파업이나 반정부 투쟁을 했다면 빈곤 극복과 경제 건설의 원동력은 불가능했을 것이다. 나도 국민의 한 사람으로서 그 시대를 열심히 살아온 것을 후회하지 않는다. 일을 사랑하면서 즐겼고 그 정신이 행복과 인생의 가치를 높여 주었기 때문이다.

지금은 모든 상황이 변했다. 지난 몇 해 동안에 경제적 위기가 높아졌다. 국내외적으로 이를 극복할 책무가 막중해졌다. 국민의힘 정부와 국민에게 주어진 과제가 무겁기만 하다. 하지만 두 가지 사실은 확실하다. 문재인 정부에서처럼 경제를 정치적 목적과 이념에 맞추어가는 오류를 범해서는 안 된다. 경제는 정치의 일차적 목적이지 수단이 아니다.

더 중요한 것은 일을 사랑하고 즐기지 못하는 국민은 행복과 국가적 번영을 스스로 포기하게 된다는 사실이다. 일을 기피하는 개인은 인간의 사회적 권리를 포기하고, 일의 가치를 창출하지 못하는 민족은 불행과 고통의 늪에서 벗어나지 못한다. 노동운동도 더 능률적이고 국가를 위한 즐거운 사명이다. 집단이기주의에 빠지게 되면 일하는 사람의 본분과 의무를 포기하는 잘못에 빠진다.

사회에 고통을 안겨주는 집단이기주의는 배격되어야 한다. 기업인들은 사회에 무언가를 남기기 위해 경영을 하는 것이지 단지 더 많은 소유에서 행복을 누린다는 잘못된 사고를 버려야 한다.

더 많은 국민이
행복해지는 나라

일의 가치란 무엇인가. 나에게 주어진 일을 통해 좀 더 많은 사람이 행복과 인간다운 삶을 누릴 수 있도록 돕는 데 있다. 이기적인 목적으로 하는 일은 사회적 가치를 훼손할 수 있다. 서로가 서로를 위해 하는 일을 통해 국가와 국민의 번영과 행복이 증대되는 것이 역사의 교훈이면서 진리이다.

적게 일하고 많이 놀기 위한 인생이 아니다. 더 많은 정신적 가치를 찾아 성장하면서 더 보람 있는 일을 즐기는 것이 인생의 길이다. 이웃과 나라를 위해 인간적으로 성장하면서 즐겁게 일하는 인생보다 귀한 삶은 없다. 공부하면서 일하는 국민으로 되돌아갈 수는 없을까.

◆

아픔의 역사에서
얻어야 할 것들

◇

○

박대인(朴大仁) 미국 선교사가 한국에서 30여 년을 보내고 귀국
한 일이 있다. 그는 내 집 바로 옆에 살았고, 해서 매우 가까이 지냈
다. 박 선교사가 교회에서 전해준 이야기가 생각난다. 그가 동남아
시아에 와 있는 외국 선교사 모임에 참석했을 때였다. 일본에서 온
한 선교사를 만났다. 일본 선교사는 박 선교사가 한국에서 왔다는
사실을 알게 되면서 이야기를 나누게 되었다. 그 일본 선교사에 관
한 이야기다.

　태평양전쟁이 종반기에 이르면서 일본 도쿄 시민들은 미국의
공습을 피해 피난을 서둘렀다. 그 선교사는 갈 곳을 찾다가 어떤

시골로 갔다. 아는 사람도 없지만 모두가 전쟁에 시달려 자신들을 위한 걱정에 빠져 있었다. 그런데 그 마을에 사는 한 가정에서 내외가 찾아와 인사를 하면서 "어려운 일이 있으면 도와드리겠다"라며 친절을 베풀었다.

일본인의 존경을 받는
한국인이 많아지기를

이후 두 가정은 서로 친해졌고, 그 선교사는 마음으로부터 감사했다. 피난 온 객지에서 따뜻한 위로가 되었다. 세월이 지나 전쟁이 끝나고 선교사 가족은 돌아갈 준비를 했다.

그때 자기를 도와준 가정이 한국인으로 일본에 귀화했다는 사실을 알게 되었다. 그들은 말은 안 했으나 크리스천 가족이었다. 선교사 가정을 떠나보내면서도 "편안히 가시고 행복하시기를 계속 기도드리겠다"라며 송별 인사를 하였다. 자기는 도움을 받았으나 떠나면 그뿐이라는 생각이었는데 "기도드리겠다"라는 사랑의 음성이 감동으로 남았다.

몇 해의 세월이 지난 뒤였다. 그때까지는 종교에 관심이 없었는데 한 교회당 앞을 지나다가 피난지에서 만났던 가정이 생각났다. 교회당에 들어가 보고 싶다는 생각이 들었다. 처음 경험이었으나 두세 차례 교회 집회에 참석하면서 담임목사와 말문을 트고, 친교도 깊어졌다.

그 일이 계기가 되어 신앙을 얻은 그는 늦게 신학을 공부하고 목사가 되었다. 일본보다는 불교 사회로 볼 수 있는 지역에서 선교사가 되겠다고 결심하였다. 이름 없는 한 한국 교인의 기도로 자신이 선교사가 되리라고는 생각지 못했다고 고백하였다.

일본 선교사의 체험담을 소개하면서 박 선교사는 그 한국인은 일본인의 모범이 되었고, 선교사를 보낸 숨은 공로자가 되었다면서 일본인의 존경을 받는 한국인이 많아졌으면 좋겠다고 하였다.

또 하나 오래전 기억이 떠오른다. 내가 다닌 숭실중학교에서는 매일 채플 시간이 있었다. 그때마다 피아노 반주를 하는 이현웅이라는 같은 반 친구가 있었다. 아버지가 목사였기 때문에 일찍부터 교회에서 피아노를 배웠던 것 같다. 3학년 때 내가 신사참배 거부로 학교를 떠나면서 헤어지고는 다시 만날 기회가 없었다.

그간 들려온 이야기들로 친구의 행적을 짐작해 보았다. 나와 비슷한 나이에 일본으로 간 친구는 음악 공부를 하던 중 학도병으로 끌려가 남태평양 전선까지 갔다가 종전과 함께 일본으로 돌아왔던 것 같다. 그 당시에는 그런 처지에 놓인 한국인들이 귀국하기 어려운 상황이었다. 그는 일본에 머물면서 음악 공부를 계속하다가 사랑하는 일본 여성과 결혼했다. 이제는 떳떳한 한국인으로 국제결혼을 한 것이다.

세월이 지나면서 그의 음악 실력과 작곡이 인정과 평가를 받아 일본 학생들을 가르치게 되었다. 이름을 바꾸고 국적을 옮겼다. 나중에는 저명한 작곡가와 연주가로 교수가 되었다. 우리는 그의 일본 이름을 몰랐기 때문에 누구인지 모르고 지냈다. 중학교 선배인 그의 친형을 통해 그런 사실을 알게 되었다.

그 형도 특이한 생애를 살았다. 숭실중학교를 졸업하면서 선교사의 도움을 받아 일찍 미국 유학을 했다. 신학을 마치고 목사가 되었으나 미국 교회나 한인 교회를 떠나 미국 원주민을 위한 선교사가 되었다. 원주민은 물론 미국 기독교계에서도 관심과 존경을 받는 목사가 된 것이다. 그리고 두세 차례 한국을 다녀갔다.

그 형 목사의 이야기다. 그는 "내 동생은 지금도 일제강점기의 아픔을 기억하는 한국인들로부터 오해를 받는다. 그러나 나는 동생의 선택이 옳았다고 믿는다. 일본 사람들의 존경과 사랑을 받는 한국 사람이 많아지기를 바라기 때문이다"라고 하였다.

고통의 역사를 통한
새로운 역사의 창조

2001년 1월 26일에는 일본 도쿄를 여행하던 이수현 군이 전철 선로에 떨어진 일본인을 구하고 목숨을 잃은 사건이 있었다. 27세의 젊은 대학생이었다. 그의 할아버지도 일제강점기에 탄광에 징용되어 갔던 과거가 있었다. 73세가 된 이 군의 어머니는 "역사의 과거를 잊기는 힘들어도 두 나라의 젊은이들을 위해 서로 협력해야 한다"라는 심정을 고백했다. 해방과 더불어 우리는 일본과 동등한 위상의 가까운 나라가 되었다. 서로가 고통스러웠던 과거를 넘어 새로운 역사를 창조해 나가야 하지 않겠느냐는 뜻을 전해주었다.

역사의 과거는 새로운 세상을 열어가는 미래 창출의 교훈이 되어야 한다. 그 의무를 방해하거나 포기하는 국가는 영광스러운 희망이 찾아오지 않는다.

◆

절대 잊을 수 없는
세 가지 꿈과 삶의 교훈

◇

○

사람에 따라 생활 습관이 다르다. 나는 다른 사람에 비해 꿈을 많이 꾸는 편인 것 같다. 그 가운데 각별하게 꾼 꿈이 셋 있다. 모두 나와 국가가 연결된 꿈이어서 평생 잊을 수 없다. 때때로 그 뜻을 되새겨보곤 한다.

그 하나는 8·15광복 전날 밤과 새벽에 꾼 꿈이다. 내가 평양 서남쪽 진남포 바닷가에 갔는데 중학생 때부터 나를 키워준 마우리 선교사가 기다리고 있었다. 넓은 바닷가였는데 커다란 창고 두 채만 남아 있었다. 선교사의 안내로 두 창고를 살펴보았다. 일본인들의 시신이 높은 창고 지붕에까지 닿을 정도로 가득 차 있었다. 두

그 고독을 극복해 냈다고 생각한다.

그 원동력이 무엇이었을까. 일을 위하고 사랑하는 열정이었다. 누구보다 많은 일을 했다. 그 일에서 오는 위로와 보람이 고독한 심정과 시간의 공간을 채워주었다. 그 일은 보수나 소유를 위한 일이 아니었다. 학자로서 진실을 찾는 의무였고 제자들을 위하고 사랑하는 즐거움이었다. 대학을 떠난 후에는 친구들과 사회에 무엇인가 남겨주고 싶은 사명감 비슷한 것이었다. 일 많은 나라에 태어난 것에 감사했고, 많은 일이 주어지는 현실에서 보람을 느꼈다. 가족들을 위하는 책임도 있었으나, 중고등학교와 대학교에 있을 때는 교육계를 위하는 책임이 항상 뒤따랐다. 무거운 짐이었으나 나름대로 사랑과 보람이 있었기에 행복했다.

아흔을 넘기고도 지금까지 주어진 일에 매달려 산다. 일에 대한 열정과 노력이 없었다면 어떻게 되었을까 돌이켜본다. 여든까지는 내가 일을 찾았으나 그 후에는 사회가 나에게 일을 맡겨주었다. 일한다는 것이 인간의 본분이며, 늙으면 인생의 가치를 풍요롭게 하는 것이 축복이라고 생각했다. 좀 더 많은 사람이 노년기 인생을 위해 스스로 일하는 열성을 가지며, 정부와 사회가 노년기까지 일할 수 있는 도움을 주었으면 좋겠다.

나이 들수록 필요한 또 한 가지 과제는 인간관계를 선하고 아름다운 방향으로 넓혀가는 일이다. 인생은 어떤 인간관계와 공동체 의식을 갖는가에 따라 달라진다. 노년기가 힘들다는 것은 인간관계가 좁아지며 공동체 의식을 상실하기 때문이다. 가정과 직장에서 즐거운 인간관계를 누리다가 늙으면서 더 넓혀가는 사람이 있고, 점차 좁아지고, 상실해 가기도 한다. 가족관계까지도 유지하지 못해 고독해지는 노인들이 생긴다. 그 책임의 반은 자신에게 있고, 반은 자립심을 상실한 노약자를 위한 정부와 사회의 도움 부족일 수도 있다.

옛날에는 노인정 같은 휴게시설이 있었다. 최근에는 경로 시설이 늘어나고 있다. 그러나 중요한 것은 자기 인생을 위해 준비하고 노력하는 각자의 책임이다. 종교단체를 비롯한 교양과 정신적 안정을 위한 기관과 시설도 있다. 노년기에 찾아 누릴 수 있는 행복은 선하고 아름다운 인간애를 주고받음에서 출발하고 열매를 맺는다.

스스로 나이 듦의 한계에
가두지 말 것

지금 30대와 나의 30대를 비교하면 사회 모든 면에서 많은 변화가 생겼다. 청년기와 노년기가 짧아지고 장년기가 일생의 반 이상을 차지한다. 일하고 성장하며 인격을 키워가는 장년기는 서른에서 여든까지 차지한다. 평균수명도 길어졌고 건강수명도 높아졌다. 모두가 풍부한 정신적 창의력을 발휘할 수 있는 세상이 되었다. 선각자나 선구자는 되지 못해도 그런 사회에 적응하려는 노력은 필수이다.

생활영역과 공간도 예상했던 한계를 넘어서고 있다. 이런 변화와 발전에 적응하기 위해서라도 스스로 노령화를 앞당겨서는 안 된다. 나의 세대에는 예순을 노년기의 출발이라고 생각했다. 그런데 나도 여든까지는 정신적으로 늙었다는 생각은 하지 않았다. 장년기가 길어졌다는 것은 젊게 성장하고 일할 수 있는 세상이 되었다는 뜻이다. 우리가 더 좋은 세상을 자율적으로 창조해 가는 것이 주어진 과제이고 희망이다.

정전 70년의 아픔,
6·25 때 평양 이야기

1950년 10월이었다. 3개월 동안 부산에서의 피난 생활을 끝내고 서울로 돌아왔다. 신촌 노고산은 전쟁터였음에도 우리 집과 두고 떠났던 가족 모두 무사했다. 집에 돌아온 얼마 뒤였다. 중앙학교 제자인 선우문옥 군과 한 친구가 늦은 저녁때 찾아왔다. 모레 아침에 정부에서 최초로 후생 열차가 평양까지 떠나는데 고향에 다녀오시는 것이 좋을 것 같다면서 군복과 신분증을 내놓았다. 뜻밖의 일이었으나 나에게는 고향 가족을 위한 구원의 소식이었다.

기차로 떠난 다음 날 늦은 아침에 나는 대동강 동쪽에서 나룻배로 대동문 앞에 도착했다. 약간 늦은 오전 고향 집에 도착했다.

아버지가 나타나리라고 생각도 못 했던 큰딸 성혜가 머뭇거리다
가 품 안에 안기면서 울음을 터뜨렸다. 3년 전 세 살짜리를 두고 탈
북했던 나였다.

공산정권에 희생된
친척들의 탄식

전쟁 때 얘기와 그동안에 있었던 사건을 들으면서 마음이 무거웠
다. 사촌 동생인 원석이가 평양에서 공직에 있었는데 공산당에 협
력하지 않고, 국군방송을 들었다는 이유로 체포되었고, 이후 행방
불명이 되었다. 며칠 후 숙모님이 꿈을 꾸었다. 원석이가 나타나
"저는 먼저 갑니다"라며 작별 인사를 받았는데, 어디선가 총소리
가 들려와 잠에서 깨었다고 한다.

　숙모님은 백방으로 아들을 찾아다녔으나 허사였다. 두 달 후
평양 동쪽 미림리 호수에서 200구 정도의 시신이 나왔다는 소식
을 듣고 찾아갔다. 인민군이 후퇴하면서 죽인 시체가 즐비해 있었
다. 얼마나 잔인하게 죽였는지 형체를 알아볼 수 없었다. 숙모님은
시신 허리띠에서 아들이 중학교 졸업 때 받은 기념 버클을 보고 확

인했다는 것이다.

외할아버지가 동네 유지 중 한 분이었다. 외할머니는 칠곡 강씨 집안이었다. 큰아들을 임신하고 친정에 가 있을 때 김일성의 모친 강반석도 김일성을 임신해 고향에 와서 같은 때에 해산했다. 그때 김일성 어머니가 유방이 곪아 젖을 먹일 수 없어, 외할머니가 3개월 동안이나 젖을 먹여주었다. 그런데 큰아들 영수, 둘째 영국이 반공 운동을 했다는 이유로 처형당했다. 막내 영훈은 형들의 원수를 갚기 위해 대한민국 국군에 입대해 춘천 북쪽에서 복무했다. 외할머니는 "그때 그놈 새끼를 젖꼭지로 콧구멍을 막아 죽였어야 했는데 원통하다"라고 말하곤 했다. 나는 지금도 세 외삼촌의 얼굴을 기억하고 있다.

북에 남은
친구들의 최후

내가 칠곡 창덕소학교 5, 6학년에 다닐 당시 김일성은 학교를 졸업하고 만주로 가 있었다. 나와 초등학교 동창인 강면석이 있었다. 김일성의 모친과는 가까운 인척간이다. 반공 때문에 감옥에 갇혀 있다가 죽었다. 면석의 가족들이 시신을 집으로 옮겨와 옷을 갈아입히다가 가슴에 안고 있던 젓가락으로 만든 십자가를 발견했다. 후에 김오성 목사님이 그 젓가락 십자가를 갖고 월남해 교인들에게 북한의 기독교 박해 모습을 소개해 주기도 했다.

내 소꿉친구 영길이는 공산당의 지령으로 아내와 두 아들을 평양에 남겨두고 북쪽으로 도피했다. 그의 장인 전영택 목사는 잘 알려진 소설가이다. 딸과 외손자 둘을 서울로 데려오면서 영길에게 꼭 월남하라고 소식을 남겼다. 그러나 당원이었던 영길은 그대로 남아 공직을 계속했다.

내 뒤를 이어 학교장이 되었던 윤 목사는 당원이 될 수 없어 좌우 양측의 버림을 받고 만경대 밑 대동강가에서 처형되었다.

식구들과 함께
다시 남으로

이런 사실을 전해 들으면서 며칠을 보냈는데, 충격적인 소식이 들려왔다. 중공군의 참전으로 국군과 유엔군이 서울 이남까지 후퇴한다는 뉴스였다. 나는 서둘러 떠나야 했다. 두 남동생과 여동생,

그리고 성혜를 이끌고 나섰다. 만경대 대동강가에는 벌써 웅성대는 분위기였다. 나룻배를 얻어 타고 강 동쪽 역포까지 왔다. 군용기차와 자동차들이 움직이고 있었다.

그때에야 부모님을 남겨둔 것이 큰 잘못임을 알았다. 큰동생에게 서울과 부산의 주소와 머물 곳을 적어 주면서 빨리 부모님을 모시고 오라고 돌려보냈다. 나는 여기저기 헤매다가 남행하는 군용기차로 갔다. 군 장교에게 간청해 기관차 뒤에 연결되어 있는 석탄칸에 자리를 얻었다. 큰 어려움 없이 다음 날 이른 아침 수색역까지 올 수 있었다.

'평화의 때'를 소망하며

그러나 전세는 급변했다. 다시 여덟 식구가 된 가족을 이끌고 부산으로 떠났다. 3개월 머물렀던 대연동 교회로 돌아왔다. 내가 큰 실수를 했다. 부모님은 고향에 머물러도 목숨은 보존할 수 있지만 동생은 발각되면 체포되어 죽음을 피할 수 없었다. 죄책감에 시달려 고민하다가 혼자 서울 빈집까지 와보았다. 아무 흔적도 없었다. 다시 부산으로 돌아왔다. 크리스마스 때까지도 소식이 없었다. 그해 마지막 날 저녁때, 하루도 빠뜨리지 않았던 기도를 드렸다. "연말인 오늘까지도 희망을 갖고 있습니다"라는 기도였다.

기도를 마치고 교회 뜰 안으로 나왔다. 누군가가 대문 입구에서 찾는 소리가 들렸다. 교회 사모가 문을 열어주면서 어떻게 오셨느냐고 물었다. 동생을 포함해 어머니와 사촌 동생들이 들어섰다. 나는 할 말을 잃었다. "이 해가 다 가기 전에…"라고 기도를 드리곤했기 때문이다. 부친과 숙부는 황해도를 거쳐 해주 쪽으로 먼저 떠나고 어머니 혼자 남아계셨는데, 어머니도 가족들을 위해 평양에서 부산까지 멀고 먼 길을 걸어오셨다. 나는 새해 새벽 기도를 드렸다.

"우리 어머니가 자녀들을 사랑하고 위하는 마음을 세상 모든 사람이 갖는 평화의 때가 올 수 있게 해주세요."

120세도 바라보는 시대,
장수가 축복이 되려면

◇

○

100세가 넘으면서 가장 많이 받는 인사가 있다. "120세까지 사세요"라는 축하 말이다. 나는 할 말이 생각나지 않아 고맙다는 표정으로 대신한다. 그런데 내 가족 안에서는 그런 인사가 없다. 불가능한 일이기도 하고, 104세인 지금도 힘들게 사는 모습을 보기 때문일 것이다.

여론조사 통계를 본 적이 있다. "100세까지 살고 싶으냐"라는 물음에 한국 사람은 51퍼센트가 그렇다고 답했는데 일본인은 22퍼센트만이 그때까지 살고 싶다고 했다. 일본은 세계에서 가장 장수 인구가 많은 나라다. 2022년 조사에 따르면 일본의 100세 이상

인구는 9만 명이다. 우리보다 열 배가 높은 셈이다.

한국과 일본,
100세를 보는 다른 눈

그런데 왜 일본인들은 78퍼센트가 100세 이상 살기를 바라지 않을까. 100세 이상의 장수를 행복한 삶이라고 인정하지 않기 때문일 것이다. 나는 왜 120세까지 살라는 인사를 받으면서도 고마운 마음을 못 가졌을까. "더 오래 우리 곁에 계셔주세요"라는 인사라면 머리를 숙이면서 "감사합니다"라며 답례하고 싶은 마음이다.

그 첫째 원인은 100세 이상의 삶은 신체적 부담과 고통이 동반하기 때문이다. 경험해 보지 못한 사람은 모르는 어려움이 있다. 나도 95세 이후부터는 내 정신건강이 신체적으로 노쇠한 육신을 업고 다니는 부담을 느낀다. 저녁 10시가 되어 잠드는 시간에는 편안한 안식을 느낀다. 하루의 짐을 풀어놓는 가벼운 자세다. 반대로 아침 기상 시간이 되면 일어나는 것이 싫어진다. 내 몸이 천근만근 같아 "30분만 더 자면 안 되나"라며 누군가에게 물어보는 심정이다. 기상 자체가 주어진 부담이다.

이런 상황을 직접, 간접으로 경험해 보는 사람들은 "100세라는 산(山)을 넘어서까지 살아야 하나" 하는 생각을 갖게 된다. 100세 이상 사는 가족이나 친지를 보는 사람은 그런 상태 이전까지의 인생을 원하게 된다. 정신이 신체의 노예가 되면서까지 살고 싶지 않다는 생각이다.

그러면 100세 이상까지 살고 싶어 하는 사람은 어떤 생각을 하는가. 통계에 따르면 가장 많은 사람은 조금이라도 더 긴 인생을 즐기고 싶다는 소원이다. 오랜 기간의 행복이 인생의 목표다. 그보다 낮은 수이기는 하나 두 번째가 가족들의 성공과 행복을 보고 싶다는 욕망이다. 그것이 인간적 본능이라는 생각을 하게 된다. 세상이 어떻게 변해가는지 보고 싶다는 기대도 있었다. 죽기 싫어서 산다는 대답도 있으나 20퍼센트 정도뿐이었다.

가는 데까지 가보자
마음으로 살아야 한다

'100세까지 살기 싫은 이유는 무엇인가'라는 물음에는 가족이나 사랑하는 사람들에게 폐를 끼치고 싶지 않다는 생각이 가장 많았다. 그에 뒤따르는 것이 신체의 노쇠 현상에서 오는 걱정, 경제적 불안, 더 좋은 삶이 불가능하다는 예측, 평균수명이면 충분하기 때문이었다.

'어떤 죽음을 맞이하기를 원하는가'라는 물음에는 자신도 예상하지 못했던 돌연사가 으뜸이다. 죽음에 따르는 고통과 슬픔을 함께하는 죽음의 분위기가 싫기 때문이다. 같은 희망의 반쯤은 가족들의 돌봄 속에서 조용히 가고 싶다는 기대였다. 평상시와 같이 잠들었다가 가족이나 주변 사람도 모르게 깨어나지 않는 죽음은 복을 받은 편이라는 견해도 있었다.

처음 이야기로 돌아가 보자. 누군가가 나에게 "당신은 어떠했는가"라고 묻는다면 나는 어떤 대답을 할 수 있을까. 아흔까지는 내 인생을 내가 원하는 대로 살 수 있다고 믿었고 또 그렇게 되었다. 그런 희망은 누구나 가질 수 있다. 막상 아흔이 되니까 "앞으로는 어떻게 하지"라고 스스로 반문했다. 가는 데까지 가보자고 했는데 100세까지 연장되었다. 지금은 더 갈 수 있고 가야 할 인생의 길을 스스로 포기할 수가 없어 계속하고 있다. 평균수명과 건강 나이가 10년은 더 연장된 세상이니까. 그러니까 100세까지는 누구나 도전해도 좋을 것이다.

그다음에는 어떻게 하는가. 행복과 보람을 유지할 수만 있으면 누구나 의욕과 희망을 품는 것이 괜찮다고 생각한다. 100세가 되었다고 스스로 인생을 포기할 수는 없다. 앞으로는 120세까지도 연장되는 세상이 올지 모른다. 구한말에는 왕실에서 80세 장수한 노인을 찾아 지팡이를 선물했다. 20년이 연장되어 나는 100세에 청와대에서 주는 지팡이를 받았다. 지금 20~30대의 젊은이들은 20년쯤 더 연장될 수 있을지 모른다.

국가와 민족에 대한
사명감

그러나 그것은 누구에게나 주어지는 선물은 아니다. 자연인의 한계를 넘어 삶의 정신적 가치와 의미를 창조해 가는 사람에게 주어지는 특전이다. 자연의 한계를 넘어 정신적 문화에 동참하는 것이 인간의 사명이니까. 인간은 시간 안에서 역사적 의미와 가치를 사회와 더불어 창조해 가게 되어 있다.

역사를 누가 이끌어왔는가. 삶의 가치와 의미를 위해 최선의 삶을 영위해 준 사람들이다. 이에 뒤따르는 또 하나의 삶의 창조적 영역이 있다. 내가 사는 공동체 의무를 사명으로 사는 사람들이다.

나와 더불어 가족을, 우리와 함께 민족의 행복과 발전을 위한 삶이 본연의 책임이다. 정신적 가치를 창조하는 노력과 공동체의 기본이 되는 민족과 국가를 위해 주어지는 일과 사명 의식을 갖추고 산다면 100세라는 시간적 한계는 사라진다. 나이란 숫자일 뿐이라는 말이 진실이 된다. 나 같은 늙은이도 주어진 일이 있는 동안은 책임져야 한다는 의지로 삶을 계속하고 있다.

인생은
무엇을 남기고 가는가

나이 스물을 넘기면서 일본으로 유학을 떠났다. 가지고 갈 책이 없었다. 수많은 일본어책이 기다리고 있을 것이다. 우리글로 쓴 책은 없을 것 같았다. 또 잊을 수 없는 고향을 떠나면 조국과 멀어질 것 같은 아쉬움도 있었다. 한용운 시집 『님의 침묵』을 갖고 가기로 했다. 갖고 떠난 단 한 권의 책이다. 그립고 허전한 시간이 생기면 한두 편씩 읽었다. 방학이 되어, 고향에 다녀갈 때는 다른 일본어책과 함께 전당포에 맡겨두곤 했다. 몇 권의 전문 서적이 늘어나면서 『님의 침묵』은 외로이 일본어책 가운데 끼어 있었다. 세월이 지나는 동안에 언제 어디서 자취를 감추었는지 기억나지 않는다.

내 책『고독이라는 병』과
맺은 인연

일본 경찰이 수시로 찾아오곤 했기 때문에 몇 차례 숨겨놓았던 기억이 지금도 새롭다. 도쿄에서 교토로 거처를 옮겼다. 그때도 일본 경찰이 찾아오곤 했다.

윤동주 시인은 그즈음에 잡혀가 해방을 보지 못하고 감옥에서 세상을 떠났다. 그동안에『님의 침묵』을 본 기억이 없다. 물론 해방 전 일본에서 귀국할 때도 보이지 않았다. 그래도 누군가가 읽어주고 있으려니 하는 생각은 사라지지 않는다.

이후 20년 세월이 흘렀다. 마흔 고개를 넘기면서 1년간 미국에 교환교수로 가게 되었다. 그때는 한글로 된 책을 가지고 갈 필요가 없었다. 그래도 한 권쯤은 하는 생각으로 출판사에서 갓 나온 내 책『고독이라는 병』을 갖고 갔다. 한국인으로서의 나를 지키고 싶었는지 모르겠다. 시카고대학교에 머물렀을 때도 여행하는 기간에도 갖고 다녔다.

1962년 봄학기를 하버드대학교에서 보낼 때였다. 내 방을 찾아온 서울대학교 한우근 교수가 읽어보고 싶으니까 빌려달라고 했다. 하버드 옌칭도서관에는 한국 책이 많이 있으나 내가 쓴 책이고 흥미롭기도 했던 것 같다. 미국에서는 유일한 독자가 된 셈이다. 저녁때 갖고 갔는데, 다음 날 새벽에 전화가 왔다. 뜻밖의 전화여서 눈을 비비면서 수화기를 들었다.

"나 한우근이에요. 저녁때부터 지금까지 한잠도 못 잤어요"라는 것이다. 혹시 한국에서 걱정스러운 편지라도 왔는가 싶어서 "가정에서 무슨 소식이라도" 했더니 "그놈의 『고독이라는 병』 때문에…. 이제야 다 읽었어요"라는 것이다. 책을 빌려가서 읽기 시작했는데 새벽 4시까지 다 읽고 전화를 한 것이다. 한우근 교수의 목소리는 약간 흥분해 있었고 나는 소리를 죽여가면서 웃었다. 그 당시는 국제전화도 미리 편지로 어느 날 몇 시에 전화할 테니까 대기하라고 약속하고 걸던 때였다. 한 교수 집에 어떤 불상사라도 있었는가 싶어 긴장했는데 안심했다. 단잠에서 깨어났기 때문에, 좀 원망스럽기도 했다.

그 후에는 그 책이 어디로 누구에게 갔는지 기억에서 사라지고 말았다. 손가방 하나만 들고 안병욱 교수, 한우근 교수와 같이 유럽 여행을 했으니까 있어도 갖고 떠날 사정이 아니었다. 하버드대학교 주변 어디에서 홀로 남아 있을 『고독이라는 병』을 기억에 떠올려본다.

소유했던 것을
주고 가는 것이 인생이다

50여 년의 세월이 지났다. 모친과 아내가 세상을 떠나 경기도 파주에 있는 가정 묘지로 모셨다. 애들이 두 무덤 사이에 나를 위한 가묘(假墓)를 준비해 놓았다. 아흔을 바라보는 아버지를 위해 예비했다. 나도 머지않아 마지막 갈 곳이기 때문에 묵인하고 지냈다.

그런데 강원도 양구의 유지들이 나와 안병욱 교수는 절친한 친구로 50년 동안 함께 일해왔는데 고향이 북한이라 갈 수 없으니 휴전선 가까이에 고향을 만들어 기념하자는 뜻을 모았다. 그때 안 교수가 병중이어서 서둘렀다. 안 교수는 1년 후에 양구로 가고, 신축한 기념관에는 안 교수와 나를 위한 공간이 마련되었다.

안 교수를 위한 공간은 그의 유품으로 채워졌다. 나도 곧 가게 될 테니까 기념관을 위해서라도 구색을 갖춰야겠다고 생각했다. 그렇게 태어났기 때문에 나에게는 살아 있는 동안의 기념관이 된 셈이다. 그리고 10년의 세월이 지났다. 나는 할 수 없이 모친과 아내의 유해를 양구로 옮겨야 했다. 내가 갈 종착지가 기념관 옆이었으니까 자연히 먼저 준비했던 가묘는 무용지물이 되고 새로 장만한 가묘가 기다리는 신세가 되었다.

지난 연말 양구를 다녀온 나는 지금 사용하는 것 중에 꼭 필요한 물건만 남겨놓고 추가로 기념관에 보내기로 했다. 곧 105세가 되니까. 미국과 일본에 갈 때는 더 소망스러운 삶을 위해 돌아올 목적으로 떠났다. 그러나 지금은 다시 돌아올 길이 아니다. 여러 사람을 위한 기념관이니까 도움이 되는 모든 것을 남겨두고 떠나야 한다. 누구나 가진 것 없이 빈손으로 가야 하니까 소유했던 것을 주고 가는 것이 인생이다.

명예에 대한
소유욕을 버려라

"짐승은 죽어서 가죽을 남기고 사람은 이름을 남긴다"라는 속담이 있다. 명예는 남는다는 생각으로, 살아 있을 때 명예욕의 노예가 되기도 한다. 그러나 마지막 길에서는 내 존재 자체가 없어지니까 나를 위했던 명예도 소멸한다. 남는 것이 있다면 '감사하다'라고 사랑을 나누었던 사람들과의 마음이다. 살아 있을 때 자신의 명예를 위해 한 일은 사후에 명예보다 치욕이 되기도 한다. 갈 때는 명예에 대한 소유욕까지 버리고 '그동안 함께해 주셔서 감사합니다'

라는 인사가 남을 뿐이다. 많은 사람을 위해 더 좋은 것을 남겨주지 못해 죄송하다는 뜻을 남기고 간다.

　나의 젊었을 때 은인이었던 도산과 인촌은 "하느님 저에게 맡겨주셨던 나라 사랑은 더할 수 없습니다. 하느님의 보호와 사랑을 믿으며 떠나겠습니다"라는 기도를 남겼다. 주어진 시간을 살아가는 인간은 영원한 절대자의 섭리에 모든 것을 맡기고 떠나게 된다.

2부

◇

사랑은 결국 세상을 바꾼다

✦

밝은 세상을 만드는
인문학적 사유와 휴머니즘

◇

○

1970년대는 한국 경제 도약의 시기였다. 기업들이 연수원을 갖고 사원 교육에 열중했다. 기업체의 중견 직원과 대졸 신입 사원을 위한 교육이 그렇게 왕성한 때는 없을 정도였다.

　나도 시간이 허락하는 대로 강의에 도움을 주었다. 한 번은 삼성그룹 대졸 신입 사원을 위한 시간이었다. 대학에 다닐 때 "나에게 고전의 가치를 갖는다고 생각되는 책 열 권을 읽은 사람은 손을 들어보라"라고 했다. 없었다. 다섯 권도 없었다. 그래서 "그렇게 독서를 하지 않으면 과장까지는 시키는 일만 하면 되니까 괜찮겠지만, 그 이상의 직책을 맡게 되면 자기 빈곤을 느끼게 될 텐데 어떻게 할 것이냐"라고 걱정했다.

그런데 10년 전부터는 삼성그룹에서 인문학 출신의 졸업생을 우선적으로 뽑기 시작했다. 지도자가 되기 위해서는 기업과 사회를 위한 정신적 가치가 기술적 기능보다 더 소중함을 깨달았기 때문이다. 최근에는 기업체 중진들을 위한 강의를 하는 때가 있다. 지도자의 기본 조건은 사회적 가치관과 윤리관이며 가치판단과 역사의식이 필요하다는 공감 때문이다. 정치는 물론 사회 모든 분야에서 공통된 가치관과 세계관이 인정받아야 한다. 특히 우리나라와 같이 인문학적 사유와 휴머니즘 소양이 부족한 사회에서는 각 분야 지도자의 독서는 필수 조건이다.

미래 지도자가 될
청년에게 필요한 가치들

좀 더 높은 국가적인 차원에서도 그렇다. 만일 세계적으로 문화적 태양과 같은 정신계의 빛과 따뜻함이 없다면 인류는 얼마나 어두운 세상에 처했겠는가. 그런데 역사를 더듬어보면 문화의 정신적 태양 책임을 담당한 국가는 다섯 나라뿐이다. 역사적 순서로는 영국, 프랑스, 독일이 그 위치를 차지했다. 그다음은 러시아가 될 것이라고 기대했다. 그런데 러시아가 공산국가가 되면서 사상이 통제되고, 인문학이 사라지면서 그 후계국이 되지 못하고 미국이 대신하게 되었다. 아시아에서는 유일하게 일본이 문화국의 대열에 참여했다. 지금 세계는 이 다섯 나라의 문화 혜택으로 정신적 태양의 혜택을 받고 있는 실정이다.

그런데 이 다섯 나라의 특성이 무엇이었는가. 국민의 절대다수가 100년 이상 독서한 나라들이다. 이탈리아, 스페인, 포르투갈은 영국보다 선진국이었다. 그러나 독서를 못 했기 때문에 문화적 후진국이 되었다. 중남미와 아시아의 대부분 국가는 독서를 소홀히 했기 때문에 정신적 후진국으로 머물러 있다.

인도, 중동 국가들은 오랜 세월 문화국으로 성장하기 힘들 것 같다. 그들의 종교적 폐쇄성 때문에 사상적 자유와 인문학적 자질이 지장을 받기 때문이다. 우리와 가까운 중국도 그렇다. 옛날에는 아시아에서 유일하게 사상적 지도력을 갖추고 있었다. 그러나 근대화 과정을 밟지 못했고 공산주의 국가가 되면서 사상의 자유와 인문학이 버림받고 있다. 나도 중국의 4대 대학 부근의 서점을 둘러보면서 충격을 받았다. 대학생들이 읽을 철학, 역사, 문학 중심의 서적이 보이지 않았다. 중국 사상을 연구하기 위해서는 대만이

나 일본으로 가야 하는 현실로 바뀌었다. 우리가 그리스 사상과 철학을 위해서는 독일이나 영국으로 유학 가는 현상과 비슷해졌다. 독서의 불모지로 변했기 때문이다.

우리는 어떻게 되었는가. 나와 비슷한 세대의 젊은이들은 일본에서 유학 생활을 하면서 독서의 습관을 받아들였다. 인문학 분야는 대학 강의보다 독서가 필수적이다. 독서를 배제한 인문학은 동토에 씨를 뿌리는 것같이 무의미하다. 그리고 해방 후에는 미국을 비롯한 서구 지역을 유학한 학자들을 통해 자연스럽게 독서를 의무화하게 되었다. 미국에서는 대학에 입학한 후 1년 반 정도는 인문학이 대부분을 차지하고, 독서는 필수 과제로 되어 있다. 인간다운 삶과 지도자의 기본 자질을 위해서다. 한 강의를 듣기 위해서는 서너 권의 책을 읽어야 한다. 모든 선진 국가의 지도자들은 그런 독서의 정신적 기반 위에 전공 분야의 학문을 쌓아가는 전통을 계승하고 있다.

그런데 우리는 그 과정을 밟지 못하고 전공 기술 학과에 진입하기 때문에 휴머니즘적 전통과 사회생활의 기본 가치를 갖추기 힘들어졌다. 그런 기초적인 과제를 충족시켜 주는 방법이 바로 독서다. 철학, 역사, 문학 등의 기본 소양을 갖추지 못한 지도자는 스스로의 인간적 결함을 극복하지 못한다. 대학의 인문학적 성장도 그렇다. 고전에 관한 독서 없이 정신적 지도력을 함양한다는 것은 지성인의 본분을 모르는 처사다. 지금이라도 늦었다고 생각지 말고 모든 지도층 인사들과 대학에서 독서를 생활화한다면 그것이 무엇보다 앞서는 애국의 길이다.

우리 민족의 생명력과 희망은
어디에서 오는가

더 중대한 국가·민족적 의무도 뒤따른다. 150년쯤 후에 동양에서는 어떤 문화국이 세계를 대표하게 되겠는가. 일본과 중국은 가능해질 것이다. 중국은 세계적 인구와 고대문화를 가졌기 때문이다. 그다음은 어느 국가가 문화적 혜택을 국제적으로 제공할 수 있을까. 한글문화가 제3의 위상을 차지하게 될지가 문제다. 문자로 표현되지 않는 예술 분야는 희망이 있다. 그러나 한글문화는 대학의 인문학 발전과 국민의 독서 없이는 불가능하다. 한글문화의 세계화는 절체절명의 국가적 과제다. 외국의 책이 우리말로 번역되는 수준으로 우리 저서가 외국어로 번역되어 읽히는 시대가 되어야 한다. 노벨문학상 그 자체보다 그런 수준의 한글문화 육성을 소홀히 해서는 안 된다. 200년쯤 후에는 문화국이 세계의 중책과 주도 세력을 담당하게 될 것이다.

그런 안목에서 본다면 많은 대학 인구를 차지하는 한국 대학은 물론 사회지도층 인사들의 독서는 무엇보다도 중요하다. 우리 민족 국가의 생명력과 희망을 우리 스스로가 포기해서는 안 된다. 책 읽는 국민이 세계를 정신적으로 이끌어가게 된다.

◆

강연 인생 70년,
그 안에서 건진 것들

◇

○

103세를 맞이하는 지난봄이었다. 강연을 끝내고 주최 측 사람들과 얘기를 나누었다. 한 분이 "제가 육군사관학교 생도일 때 선생님 강연을 들었습니다. 그때 '국가공무원과 군인은 계급 직책 제도여서 누구나 승진하려는 의욕을 갖고 경쟁하게 됩니다. 그러나 서둘지 말고 실력을 쌓으면서 힘들더라도 중책을 맡으세요. 그러면서 진급해 가는 사람이 큰일도 하고 성공하게 됩니다'라고 말씀을 해주셨습니다. 제가 그 가르침대로 따랐습니다. 승진은 늦은 것 같으나 끝까지 중책을 맡아왔습니다. 국방부 장관으로 공직을 떠났습니다"라는 얘기를 했다.

나는 오랫동안 글을 책으로 남기는 것은 열매가 있지만 강연은 행사가 끝나면 사라지는 것 같았다. 지금과 같은 사람들의 얘기를 자주 듣게 되면서 강연은 강연대로 사회교육의 의미와 보람이 있다는 사실을 새삼 느끼곤 한다.

윤동주와 황순원
그리고 홍창의

한 달쯤 후였다. 호암재단에서 중고등학생을 위한 전국 규모의 온라인 청소년 강연회에 초청을 받았다. 함께 강연하는 연사들은 학생들의 관심과 흠모의 대상이 되는 널리 알려진 사람들이다. 30대에서 60대까지의 성공한 유명 인사들이다. 100세가 넘은 나 같은 늙은이가 동참한다는 것은 어울리지 않았다. 그래도 내가 사랑하고 아끼는 젊은이들에게 도움이 된다면 사양할 수가 없었다.

세 가지 얘기를 했다. 내가 중학생 때, 시인 윤동주와 소설가 황순원, 우리나라 소아의학을 개척 선도한 홍창의 교수 등을 소개해주면서 20세가 되기 전에 한평생 내가 하고 싶고 해야 할 길을 찾아가는 사람이 되어달라고 당부했다. 학교 성적이 인생의 평가도 아니고 모범적이고 장래성이 있는 학생의 기준도 아니다. 16~17세까지는 기억력이 좋은 학생이 성적이 앞서지만 더 중요한 것은 폭넓은 독서와 인간관계를 위한 이해력이 뒤따라야 한다. 학자가 된다든지 크게 성공하는 사람은 늦게까지 사고력에서 앞서야 한다 등을 이야기했다.

20세기의 가장 훌륭한 영재를 꼽으라면 영국의 처칠 수상일 것이다. 그는 마흔이 넘으면서 영재다운 평가를 받았다. 대학입시에는 낙방하기도 했다. 아인슈타인은 누구나 천재라고 인정한다. 그러나 그의 대학 은사는 "내가 너를 가르칠 때는 평범한 학생으로 보았다. 그런데 상대성원리를 보았을 때, 네가 역사에 남는 과학자가 되었다"라고 칭찬해 주었다. 대학생 때는 늦둥이 모범생으로 보았던 것이다. 수능 성적이 좋았던 학생이 대학에 와서는 뒤지고 수능 성적이 낮았던 학생이 대학원에 가면 앞서는 것은 기억력보다 사고력이 더 중요하다는 증거다. 정치가나 실업가로 성공한 사람들은 학교 성적이 우수하지는 않았다.

그다음은 내 부친이 나에게 들려준 교훈을 소개했다. "항상 나와 가정을 위해 사는 사람은 가정만큼 성장한다. 유능한 친구들과 좋은 직장에서 최선을 다하는 사람은 그 직장의 주인이 된다. 그러나 민족과 국가를 걱정하면서 사는 사람은 국가의 지도자가 될 수 있다"라는 말씀이다. 그 평범한 얘기의 반응은 좋았다. 그런 재미로 지금 나이까지 강연하는지 모르겠다.

미국과 캐나다의 교포를 위한 강연회에 관심을 갖기도 했다. LA 동양선교교회 임동선 목사는 군목 생활을 했고 숭실대학교 출신이다. 여러 해에 걸쳐 강연과 설교 요청을 받았다. 기독교 정신을 교회와 교리로 제한하지 말고 인생관과 삶의 가치관으로서의 진리로 역사와 사회를 위한 희망의 메시지가 되어야 한다는 내용이었다. 한번은 교회와 관계도 없는 사람이 익명으로 막대한 헌금을 하면서 "김 교수께 드려달라"라는 쪽지를 남겼다. 다음 해에도 같은 사람이 직접 목사님에게 "김 교수에게 맡겨달라"라면서 큰돈을 주고 자신을 밝히지 않고 사라지기도 했다. 교회가 그분이 준 헌금만큼 추가해서 나에게 주었다. 그 덕분으로 나는 두 차례에 교회 명의로 연세대학교에 가난한 학생들을 위한 장학금을 기탁하는 기쁨을 나누었다.

미국과 캐나다의 큰 도시 대부분은 강연을 위해 방문한 셈이다. 텍사스주 댈러스에 갔을 때였다. 미국인 부부가 청중 속에 앉아 있었다. 비교적 긴 강연을 끝내고 티타임을 가졌을 때, 그 부인이 "당신이 1920년 평북 운산 광산촌에서 태어났느냐"라고 물었다. 그렇다고 했더니 "이 사람이 내 아들인데 같은 해에 북진에서 태어났다"라고 했다. 내가 "내 모친이 내가 너무 병약한 체질이어서 미국 의사 파워의 도움을 많이 받았다"라고 했더니, "그러면 나도 당신 어머니를 만났을 것이라면서 살아계시냐"라고 물었다. 서울에 계신다는 말을 듣고 서로 본 적이 있었을 것 같다면서 반겼다.

세계는 넓어도
우리는 가까운 이웃

파워 의사는 세상을 떠났고, 부인은 치매로 활동을 하지 못한다는 설명까지 추가해 주었다. 내가 그 남편으로 착각했던 친구가 북진 금광 동기생이었다. 나는 다섯 살에, 자기는 교육을 받기 위해 일곱 살에 미국에 왔다는 얘기를 나누면서 웃었다. 파워 의사, 내 은사인 마우리 선교사, 이 늙은 미국 친구 모두가 오하이오주 출신이다. 지금은 내 막내딸이 교수로, 사위와 외손자는 의사로 오하이오주에 살면서 봉사하고 있다. 세계는 넓은 것 같아도 모두 가까운 이웃이다.

9월에는 우리나라에서 아시아의 뇌 연구 과학자들을 위한 세미나의 주제 강연을 맡았다. 내 나이가 될 때까지 정신적 활동을 하는 현상과 대뇌 기능의 관계 얘기를 원하는 강연회다. 관찰과 연구 재료 대상이 되는가 싶어 수락했다. 신체의 변화, 노쇠 현상은 누구나 체험하지만 정신적 기능과 성장 발전은 모두 다르다. 철학자 중에는 피아노가 고장 나면 음악은 사라지지만 연주가는 따로 존재한다는 이원론을 지지하기도 한다. 우리의 의식은 대뇌 기능과 더불어 존재하나 뇌 자체의 생리적 기능으로 제한되지는 않는 것 같다. 내가 갖고 있는 철학적 사고보다 더 확실한 인간 기능을 위한 연구 재료가 되는 것 같아 어색하기도 하다.

인류를 구원할
참된 신앙의 본질

◇

○

반세기 전이기는 하지만 두 차례 인도를 방문하였다. 첫 느낌이 후진 국가라는 인상이었다. 국가가 국민에게 베풀어야 하는 기본 교육, 절대빈곤 극복, 의료혜택 보급을 위한 시설, 모두가 구비되지 못했다. 식구가 많은 가정의 빈곤한 모습을 대도시에서도 발견할 수 있었다.

사회학자들은 인도가 미국만 한 선진 국가가 되는 데는 180년의 세월이 걸릴 것이라고 했다. 인도인도 첫째 목표는 파키스탄보다 잘사는 것이고, 다음 희망은 중국을 능가하는 데 있다고 했다. 그 당시에는 한국도 개발도상국 중간 단계였으니까.

무엇이 원인이었을까. 3000년 가까운 세월을 종교적 세계관의 울타리 안에서 안주했기 때문이라고 생각했다. 세계 4대 문화권 모두 원시종교를 비롯한 종교문화에서 출발했다. 인도, 유럽, 중동 지역이 그랬다. 중국의 문화도 상고시대에는 마찬가지였다. 그 기간은 길었다. 힌두교와 불교, 유대교와 이슬람교, 기독교 등이 중세기까지 지속되었다. 그러나 기독교는 인문학적 세계관 시대를 거쳤다. 철학과 역사, 문학사상의 과정을 밟았다. 그에 뒤따르는 사회과학과 자연과학 그리고 기계공학의 시대까지 창출해 냈다.

종교가 희망이 되려면
목적이 아닌 삶의 과정으로

그런데 인도는 그 어느 과정도 밟지 못했다. 인도 사상을 산출시킨 우파니샤드 철학은 종교 사상으로 흡수되었고 철학·역사·문학적인 정신계를 만들어내지 못했다. 영국 학자들이 인도에는 역사의식이 없었고 과학은 배척받아 왔다고 평했을 정도다. 그 대신 많은 종교를 배출했다. 종교적 세계관과 인생관이 사상·정신계의 주류를 형성해 왔다.

인도에서 가장 문화 수준이 높은 뭄바이에 갔을 때였다. 안내를 받아 배화교 장례 절차가 벌어지는 곳으로 갔다. 우거진 숲속에 설치된 장례 시설이 있고, 사람이 죽으면 물과 땅을 더럽히면 안 된다고 해 시신을 시설 대에 안치한다. 독수리, 까마귀들이 그 시신을 뜯어 먹고 유골은 밑으로 떨어지게 되어 있었다. 그래야 영혼이 구원을 받는다는 신앙이다.

뭄바이에는 마하트마 간디가 18년 동안 거주한 2층 건물이 보존되어 있다. 지극히 검소한 공간이다. 2층에는 간디가 직접 천을 짰던 물레가 있었다. 옛날 우리 선조들이 사용하던 모습과 큰 차이가 없다. 대학교 경제학과 출신의 안내원이 간디는 기계문명을 기피했기 때문에 손수 만든 천을 사용했다고 설명했다. 우리가 영국의 경제적 진출을 막기 위한 목적이 아니었느냐고 물으니 그것은 잘못된 생각이라고 대답했다. 그러면서 수도 뉴델리에 가면 간디의 석조 무덤이 있는데 그 돌들 모두 기계를 쓰지 않고 손으로 갈아 만들었다는 설명을 추가하였다. 수많은 종교시설이 있고 어디에 가든지 종교적 의식과 모습을 보게 된다. 소 떼가 도시 거리를 다녀도 제재하지 않았다. 신앙의 대상으로 여겼기 때문이다. 지금은 달라졌지만.

내가 인도를 다녀온 얼마 후에 종교 폭동이 일어났다. 이슬람

성전 안에 안치되어 있던 무함마드의 머리카락이 없어졌는데 힌두교도의 소행이라는 소문이 파다했다. 그 사건이 확대되면서 두 종교 간의 싸움이 전쟁 상태로 확대되었다. 사상자 600여 명이 생겼다는 보도였다. 상식적으로 판단해도 거기에 무함마드의 머리카락이 보존되었을 리도 없고 그것 때문에 폭동이 발생했다면 그런 종교는 없는 편만 못하다. 중동 지역을 다녀보았을 때는 더 심각한 문제를 발견했다. 종교의 영향이 사회문제를 넘어 국가와 국제적 문제까지 좌우하고 있었다. 종교 국가들이기 때문이다. 남존여비 전통과 일부다처제는 쿠란을 믿는 동안에는 지속될 것이다.

사상가들은 공산주의는 100년으로 끝났으나 유대교와 이슬람교의 분규는 200~300년 계속될 것으로 본다. 이런 현실을 보면서 현대인도 같은 종교적 신앙을 수용할 수 있는가를 묻게 된다. 우리가 믿으며 공존하고 있는 불교와 기독교는 우리의 희망이 될 수 있는가.

기독교의 예를 살펴보기로 하자. 종교를 잘못 받아들이면 그 신앙이 인간의 가치 있는 삶을 위한 과정과 수단이 아니라 인생의 목적인 듯이 잘못 생각하게 된다. 기독교 정신이 모든 철학이나 사상보다 인류에 희망이 되며 역사의 긍정적 가치관이 되어야 한다. 왜 현대인이 기독교 신앙을 받아들이는가. 기독교의 정신이 휴머니즘을 탄생시켰고 인도주의 정신을 이끌어갈 수 있기 때문이다. 이성적 사유와 가치는 물론 양심과 윤리적 가치를 수용하고도 더 높은 방향으로 발전시켜 왔기 때문이다. 이성적 판단이나 양심적 기준에 미달되는 종교라면 현대인들은 거부해야 하고 인생의 긍정적 의미를 종교 이외의 영역에서 찾아야 한다.

교리보다 중요한,
종교가 선사할 삶의 진리

과학 정신도 그렇다. 자연과학의 원리와 과제는 종교적 영역과 차원이 다르다. 그것은 이미 법칙이 정해져 있다. 그러나 사회과학의 기반과 목표는 정신적 질서와 가치를 배제할 수 없으므로 종교적 진리와 무관할 수 없다. 개인의 삶과 사회적 삶의 가치에는 공통성이 있기 때문이다.

정신과학은 삶의 가치를 위한 것이다. 그런 사회과학적 원리와 이념도 종교가 수용하면서 새로운 가치 창조의 길로 이끌어갈 수 있어야 한다. 기독교는 그런 책임을 역사적으로 감당해 왔고 앞으로도 해결해 줄 수 있기 때문에 받아들여진다. 기독교회가 기독교의 전부이고, 교회가 만든 교리가 인류 역사의 진리와 일치한다는 뜻이 아니다. 그런 정신과 사상적 사명을 포기하거나 무관한 신앙이 된다면 기독교는 존재 의미를 상실하게 된다. 교회의 수가 많고 적은 것은 문제 밖이다. 기독교가 인류의 희망이며 역사의 생명력이 될 수 있는가의 문제다.

우리가 원하는 것은 교리보다 진리이다. 인간이 인간 스스로를 구원하며 인류가 만들어놓은 비참과 역사적 절망을 스스로 해결할 수 없다면 우리는 인간의 한계를 넘어 존재하며 주어지는 구원의 약속을 바라지 않을 수 없다. 그것이 참된 신앙의 생명력이다.

사라지는 인류의 유산,
인간애가 필요한 때

◇

○

내 중학 생활은 톨스토이와 함께 자랐다. 2학년 때 학교 도서관에서 『전쟁과 평화』라는 책을 빌려 읽기 시작했다. 일본이 만주에서 전쟁을 하던 때였다. 세상에서 가장 중요한 전쟁과 평화 문제를 알아보겠다는 철없는 욕심이었던 것 같다. 읽는 동안 그런 내용이 아니고 장편소설이라는 것과 톨스토이가 러시아의 세계적 문호인 것을 알게 되었다.

대작을 읽고 나니까 『안나 카레리나』도 읽고 싶어졌다. 그리고 더 유명하다는 『부활』도 읽었는데 두 장편만 못하다고 생각했다. 그러나 문학예술이 어떤 것인지 느끼게 해주었고, 사상과 예술 세계의 넓은 무대가 있다는 사실을 발견하게 되었다. 그 뒤에도 톨스토이의 『인생론』『참회록』 등도 읽었다. 그 덕분이었을 것이다. 지금도 톨스토이는 내 정신적 스승 같다.

대학에 가서는 도스토옙스키에 심취했다. 그의 영향은 오래 계속되었다. 대학에서 강의할 때도 인용했고 내 글 속에는 톨스토이는 사라지고 도스토옙스키와 독일의 니체, 덴마크의 키르케고르가 등단했을 정도였다. 내가 톨스토이의 사상보다는 도스토옙스키의 인간학적 철학 문제에 빠져 있었음을 말해준다. 러시아문학에 적지 않은 관심을 갖고 지냈다.

도스토옙스키,
차이콥스키, 샤갈…

철학과 사상 분야 책들도 읽었다. 차이콥스키의 음악은 세계 무대를 꾸며주었고, 샤갈의 그림은 현장 작품과 회화 도서로 애정을 갖고 감상해 왔다. 지금 생각해 보면 독일, 영국, 프랑스보다도 예술성이 있는 작품의 영향과 혜택을 더 많이 받으면서 자랐다. 어떤 때는 나도 모르게 내 정신과 사상은 물론 예술적 DNA에 러시아적인 흐름이 섞여 있다고 느낀다. 따져보면 서구적인 것보다는 러시아가 훨씬 동양적이다. 소설이나 영화를 보아도 남녀 간의 애정보다 부모와 자녀 간의 관계가 더 많이 다뤄졌으며, 개인과 합리주의보다 우리 의식과 정서적인 인간관계, 사회관계가 풍부하다. 미국 문화에 비하면 동양적이면서도 뿌리 깊은 전통에서 성장한 특수성을 갖추고 있다.

북한에서 해방을 맞으면서 소련 군인들과 직면하게 되었다. 소련과 북한 공산정권의 현상을 보면서 내가 간접적으로 영향을 받아온 문화적 유산은 공산주의 정신과 정반대일 뿐 아니라 적대적인 것임을 체험하게 되었다.

평양에서 광성중학교 17세 정도의 학생들이 신탁통치를 반대하는 삐라를 뿌렸다고 정치범 수용소에 감금되었다. 정치범으로 몰아 시베리아로 끌고 가 7년여 동안 굶주림과 학대를 일삼으며 강제노동을 시켰다. 그 후에도 10여 년을 죄수 같은 신분으로 고생했다. 동급생 20여 명이 끌려가 대부분이 죽고 그중 한 학생이 47년 만에 서울로 찾아와 가족들과 상봉한 일이 있었다. 스탈린은 공산주의 정권의 야욕을 채우기 위해 6·25전쟁을 모택동과 합의로 유발했다.

내가 지적하고 싶은 것은 정치적 문제를 떠나 소련의 공산정권이 인류의 정신적 유산을 지금까지 폐허화했다는 사실이다. 앞으로 100년이 지나도 그때와 같은 정신문화의 전통과 유산은 찾아볼 수 없을 것이다. 최근 91세로 작고한 미하일 고르바초프도 "누구의 영향을 가장 많이 받았느냐"라는 질문에 마르크스나 레닌이 아닌 "러시아문학"이라고 대답했다. 문학은 이념이나 정치의 길이 아니다. 인간의 길이기 때문이다.

중국의 경우도 그렇다. 한중 수교가 성립되면서 주한대사관에 와 있는 한 외교관을 만났다. 중화인으로 일찍이 평양 김일성대학에서 박사학위를 받은 엘리트였다. 내가 그에게 "지금 중국은 유학(儒學)을 중심 삼는 전통 정신과 공산주의 사상을 신봉하는 정치문화 그리고 서구에서 밀려드는 과학성을 갖춘 사회사상이 공존해 있는데 앞으로 어느 편이 중심적 역할을 담당할 것 같으냐"라고 물었다. 그 외교관은 지체 없이 전통문화라고 했다. 나는 덩샤오핑의 사상을 따르며 지지하는 것 같다고 생각했다. 그의 대답이 옳았다. 지난 베이징 올림픽 때 중국이 과시한 중국 문화는 역시 유구한 역사를 계승하는 윤리성에 입각한 문화였다.

그런데 최근에는 제2의 마오쩌둥을 자처하는 시진핑이 집권하면서 스탈린과 푸틴의 노선을 연상케 한다. 그 결과는 어떻게 되는가. 중국의 생명력이며 아시아에 영향을 남겼던 인간 문화는 사라지고, 제2의 소련과 같은 유물사관이 사상문화계를 황폐화할 것이다. 비극적인 일이다.

　나도 10여 년 전까지는 여러 차례 중국을 방문했다. 유명 대학주변 서점에 가도 젊은이들이 읽을 만한 인문학과 사상 관련 책을 찾아볼 수 없었다. 중국 문화를 연구하려면 대만이나 일본으로 가야 할 현실이 되었다.

독재정치 아래
이념의 제물이 된 예술

북한은 언급할 필요조차 없다. 잘못된 정치이념, 정권욕 때문에 정신과 사상적 자유는 자취를 감춘 지 오래다. 국민에 대한 진실과 정직의 가치는 소멸하였다. 당에서 하는 일은 그 자체가 정의이며 절대 가치이기 때문에 비판과 반대는 용납되지 않는다. 사상과 인격을 갖춘 지성인은 설 자리가 없으며, 언론의 자유는 처형 대상이 된다. 인문학이 존재했다는 흔적조차 보이지 않는다. 모든 예술은 정치선전의 수단으로 전락했고, 해방 직후 사회주의를 믿고 월북했던 학자, 예술인들은 배제되거나 숙청된 지 오래다. 국민은 이데

올로기의 노예가 되었고 인격은 정권의 제물이 되었다. 러시아와 중국, 북한의 공산화는 아시아의 자유와 정신문화를 독재정치의 제물로 삼은 것이다.

무엇이 해결책인가. 인간성의 회복이다. 인격과 삶의 가치를 복구시켜야 한다. 양심의 자유와 인간애의 질서를 정착시켜야 한다. 자유와 정신문화를 말살하는 정치력을 배격하고 인문학과 인간주의를 되찾아야 한다. 그것이 자유민주주의의 선결과제다.

♦

철학과 함께한 70년,
지금도 희망을 찾는다

◇

○

중학생 때 '인간 문제와 그 해결' 같은 생각을 정리해 보면서 문학·종교·철학책을 많이 읽은 것이 대학에 진학하면서 철학과를 선택했던 것 같다. 그 시대에는 인문학적으로 융합된 사고나 학과가 없었기 때문에 철학은 독립된 학문이었다. 서양 철학자 중에서 관심과 문제의식을 같이하는 개인들에 관한 강의와 연구가 중요했다. 칸트와 헤겔은 누구나 한 번은 연구해야 하는 철학자로 꼽혔다.

학위논문을 쓰는 사람은 한 개인 중에서도 한 가지 주제를 택하는 것이 보통이었다. 일본의 철학 교수 대부분이 그랬다. 어떤 교수는 헤겔을 연구하다가 헤겔의 우물에서 빠져나오지 못했고,

또 그것을 자랑스럽게 여겼다. 독일에서도 헤겔학파가 생겼고, 지금도 우리 주변에서는 칸트나 헤겔, 플라톤, 아리스토텔레스를 전공하는 학자가 있다. 그러는 중에 영국·프랑스·독일 철학사를 비교하게 되면서 개인 연구 영역에서 탈피하여 우리 사회와 시대에 어떤 철학이 요청되는가를 문제 삼게 되었다.

나는 왜 철학을
전공하게 됐나

그뿐만 아니라 철학은 상아탑의 고립된 학문이 아니고 사회와 역사를 포괄하는 성격의 학문임을 발견하게 되었다. 역사학자는 역사를 연구하다가 역사철학의 영역을 발견하게 된다. 철학과 관련 없이 출발한 법학은 연구가 깊어질수록 법철학의 문제에 직면한다. 법철학 기반 위에 법학이 존재한다는 견해에 이르기도 한다. 법과 선악의 문제는 불가분리의 관련성을 가지며 그 배후에는 윤리 문제가 자리 잡고 있기 때문이다. 인문학으로 출발한 철학이 사회철학으로 발전하면서 정치·사회문제에까지 관여하게 되었다.

이런 현상은 독립된 학문으로서의 철학보다 철학적 사유와 해석이 더 큰 비중을 차지하게 된다. 철학적 사유가 있는 학문은 뿌리를 갖춘 학문이 될 수 있으나, 철학적 사유가 없는 학문은 기반이 없는 시대적 건축물 같은 인상을 남기게 된다. 세계적으로 많은 독자를 가진 E. H. 카의 『역사란 무엇인가』를 읽으면 역사철학의 필연성을 암시해 준다. 마르크스 유물사관은 이미 과학의 영역을 넘어 철학적 세계관으로 받아들여지고 있다.

그렇다면 철학적 사유란 무엇인가. 두 가지 성격은 뚜렷하다. 모든 사물을 전체적으로 관찰하는 자세이며, 어떤 현실에 접하든지 근원적인 실체를 찾으려는 노력이다. 특정 사회나 국가의 역사를 연구하던 학자가 세계사 전체를 탐구하게 되면 자연히 과학적 관찰에서 철학적 사유로 옮아가게 된다. 영국의 A. 토인비를 보면 짐작할 수 있다. 문학, 회화, 음악의 본질을 추구하던 예술가가 예술 세계 전체를 문제 삼게 되면 예술철학, 즉 미학에 관심을 갖는다.

사회를 이끌어갈 빛, 철학이란 무엇인가

누구나 각자의 인생관이 자라 가치관이나 세계관으로 발전하는 경험이 있을 것이다. 그래서 한때 철학은 세계관 추구의 학문이라는 평가를 받았다. 당신의 철학은 무엇인가 하고 묻는다면 당신이 가진 정치관, 사회관, 역사관을 포함한 세계관은 무엇인가와 맥을 같이한다. 철학 공부를 하지 않은 사람이 대통령이 되었다고 하자. 그의 주변에서는 물론 생각 있는 국민은 대통령의 철학 운운한다. 철학을 갖춘 사람은 지도자 자격이 있으나 아무런 이념, 즉 철학이 없는 사람은 지도자 자격이 없다고 생각한다. 자기 철학도 없는 지도자는 목표가 없는 운전자와 같아지기 때문이다.

사물의 근원을 찾는 철학자는 '존재'에 관한 이론적 연구를 계속해 왔다. 그러다가 최근에는 존재는 논리의 대상이 아니고 팩트(Fact), 사물과 사건에 관한 연구로 바뀌고 있다. 그러는 동안 철학의 초창기부터의 과제였던 형이상학(Metaphysics)은 점차 철학 무대에서 사라져가고 있다. 현실성과 삶의 실용성에서 배제되었기 때문이다. 또 과학이 계속 진화하면서 철학의 무대가 점차 축소되고 있다.

과학자들은 철학은 "집을 하늘에서 지어 내려온다"라고 비판한다. 그리고 철학자들은 "과학자는 집을 어디에 왜 지어야 할지 모른다"라고 반론하는 상황이 되었다. 철학이 리어왕으로 있던 과거에는, 과학의 딸들이 부왕의 뜻을 따랐으나 노쇠한 후에는 부왕이 딸들의 집에 의존하는 신세가 되었다고 현대인은 생각한다.

나도 70여 년 동안 철학계에 머물렀다. 그렇다고 철학이 학문계에서 밀려났거나 역사 무대에서 사라진 것은 아니다. 지금 내가 겪어온 과정과 문제는 여전히 남아 있으며 그 해결은 철학에 주어진 과제이며 책임이다. 내 철학과 친구들은 지금 우리에게 주어진 최대의 위기는 '가치관의 상실'이라고 걱정한다. 정치, 경제, 과학 문명, 기계 과학의 미래 등 문제는 산적해 오는데 건설적이고 영구한 가치관은 보이지 않는다는 호소다. 우리 사회를 이끌어갈 희망의 빛이 보이지 않는다는 뜻이다. 철학 부재에서 오는 결과다.

우리는 무엇을 위해
살아가나

과거에는 종교적 가치관이 있었고, 동양에는 인간 존중의 윤리관이 있었다. 과학 만능 사회가 되면서 인간 스스로가 인간의 가치를 소외시키거나 불신의 대상으로 만들었다. 사람이 사람을 믿는 시대가 끝났다는 탄식이다. 나도 70여 년 철학과 더불어 살아왔으나 아직도 '인간 문제와 그 해결'은 새로운 과제로 남아 있다. 지금과 같은 역사와 사회의 현실 속에서 무엇을 위해 어떻게 살아야 하는 가를 묻지 않을 수 없다.

그에 대한 3000년의 철학적 사유와 가치관은 무엇인가. 가장 소중한 것은 휴머니즘(인간애)의 정신이다. 선으로 향하는 자유의 창조력이며 인간성 회복과 주어진 목적을 채워가는 사랑의 구현 이다. 모든 문화의 출발과 목표도 거기에 있었고, 철학은 그 중추 세력이 되어왔다. 그것이 역사의 희망과 생명력이 되어야 한다.

청년들이 행복과 보람으로
살기 위한 교육

8년 전이다. 월간《샘터》사무실에서 네 사람이 얘기를 나누고 있었다. 고인이 된 전 국회의장 김재순 씨가 "자식 자랑은 점잖지 못한 일인 줄 아는데, 며칠 전 내 손주가 미국 MIT대 교수가 되었다는 소식을 전해 들었다"라고 했다. 나와 인척 관계이기도 해서 "그런 자랑은 많이 해도 괜찮아. 누구든지 아버지 닮았다고 하지 할아버지 닮았다고는 하지 않을 테니까"라고 해서 모두 웃었다.

나는 '아들딸 가리지 말고 둘만 낳아 잘 기르자'라는 구호가 한창일 때 딸 넷, 아들 둘을 키웠다. 죄송스러운 생각이 들어 딸 셋은 미국에서 살기로 했다. 나 자신이 교육자이기 때문에 항상 미국에 있는 손주들과 한국에서 자라는 손주들을 비교해 보곤 한다. 미국 외손주 다섯은 자유로이 잘 자라 제각기 길을 택했다. 넷은 의사가 되고 외손녀는 MIT를 나와 애플의 중견 사원으로 있다. 지난 9월 에는 증손주가 하버드대학교에 입학했다는 소식을 전해왔다. 무 엇보다 감사한 것은 모두가 즐거운 학창 생활을 보냈고 자신의 길 을 스스로 선택했기 때문에 행복과 보람을 느끼며 산다는 점이다.

한 번뿐인 청소년기
자율성과 행복을 줘야 한다

그런데 한국의 손주들은 교육정책의 후진성으로 자유로운 학창 생활을 즐길 수 없어 한 번뿐인 인생의 자율성과 행복을 누리지 못 한다는 아쉬움을 갖게 한다. 많이 개선됐다 해도 초등교육은 중등 교육의 예비 기간이 되고, 고등학교 교육은 대입을 위한 과도기가 되었다. 성적 평가가 인간 평가의 기준이 되어 점수에 매달려 자율 적인 학습은 찾아보기 힘들어졌다. 정상적인 학교 교육보다 학원 이나 입시 준비의 노예가 되었다.

성적을 위한 공부도 그렇다. 초등학교 때는 즐겁게 기초교육을 받으면 된다. 중학교를 마칠 때쯤부터는 자율적인 학습 과정을 찾아 스스로 공부하는 습관을 키워야 한다. 고등학교도 대입 준비 과정이 되어서는 안 된다. 그 자체가 목적이어야 한다. 인성교육은 배제되고 성적이 학교생활의 전부라고 착각하면 곤란하다. 무엇보다 아이들을 시험공부의 노예로 만드는 수능시험이 걱정이다. 그 비교육적인 부담에서 벗어나기 위해 일찍 유학을 떠나기도 한다.

내 손주들도 그랬다. 큰손녀가 집 가까이 남녀공학 중학교를 마치고 이화여대 부속 금란여고에 입학했다. 2학년이 되면서부터는 수능시험을 위해 인간 교육은 멀리하게 되었다. 학교 성적이 우수한 편도 못되니까 원하는 대학교에 갈 자신감도 부족했다. 학교 성적이 A보다 B 정도였다. 그것이 잘못은 아닌데 자존심을 빼앗기는 모습을 부모로서는 보기 힘들었다. 1년 손해를 보더라도 미국으로 보내 고등학교 과정을 밟게 했다. 그랬더니 자기가 하고 싶은 선택대로 즐겁게 공부했다. 콜로라도대학교에 입학한 후에는 마음 편히 자기 길로 정진할 수 있었다. 지도교수의 추천에 따라 전공 분야 대학원을 선택했고 올해 박사학위를 취득했다. 학위논문과 더불어 지도교수의 추천을 받아 지난 9월 학기부터 일리노이주립대학교 교수로 진출했다.

내가 객관적인 평가를 해본다. 그 애가 고등학교 과정을 수능

시험 준비로 다 보냈다고 해서 한국에서 원하는 대학에 합격했을지 모르겠다. 수능시험 굴레를 벗어나 즐거운 학교생활을 한 것만도 감사한데, 스스로 전공 분야를 선택한 후에는 우수한 성적과 논문으로 인정받을 수 있었다.

또 다른 서울 손주 중에도 고등학교 과정부터 미국으로 가 대학을 끝내고 귀국한 애들이 있다. 미국에서 고등학교와 대학을 다녔다. 넓은 의미의 인문학 과정과 영어는 충분히 수료한 셈이다. 귀국해서는 원하는 분야에서 직장을 얻을 수 있고 직장에서도 국제 무대로 진출할 길이 열린다. 나는 수능시험의 제한된 수업과 교육의 굴레에서 해방시켜 주는 것만도 다행이라고 생각한다.

지금도 후배 교수 중에는 자녀 교육 때문에 부인은 귀국하지 못하고, 한국에 혼자 머물면서 교수 생활을 하는 가정이 많다. 내 아들딸들은 대학원부터 외국 유학 가는 것을 권고해 왔다. 그때는 수능시험도 없었고, 고등학교부터 미국에서 수학한 학생은 귀국하지 않는 경우도 많았다. 적어도 대학 교육까지는 국내 교육으로 충분한 제도와 과정을 수립할 의무가 있다고 생각했다.

교육은 제도와 규범을 먼저 만들어놓고 학생들을 그 규범에 맞추어가는 것이 아니다. 학생들을 위해 제도와 규범을 지속해서 개선해 가야 한다. 수능시험의 폐단과 모순이 드러난 지 이미 오래다.

수능 성적이 우수한 학생이 대학에 와서는 학과 성적이 뒤지는 경우가 많다. 한때는 서울대학교 대학원에서 한국사를 전공하려는 학생이 두 명밖에 없어 교수들이 국립대학의 미래를 걱정하기도 했다.

젊음의 열정을
병들게 하지 말라

교육은 계속된 선택이다. 개척과 창의력이 없는 대학은 학문의 길을 개척하지 못한다. 기억력에 의존하는 성적은 고등학교로 끝나지만, 사고력과 창조력은 대학 이후의 평생을 좌우한다. 시험을 위한 공부는 필요할지 몰라도, 학문을 위한 창의적 연구는 시험의 한계를 넘어야 가능하다. 시험이 만능이라고 생각하는 폐습이 국가고시, 심지어는 취직 시험에까지 영향을 미치고 있다. 젊은 정열과 창조력을 병들게 해서는 안 된다.

1000명을 한 줄로 세우는 사회여서는 안 된다. 1000명을 100줄에 서게 하면 10명마다 다양한 진로로 성장할 수 있다. 교육을 이념 정치의 수단으로 삼는 러시아·중국·북한식 교육을 꿈꾸는 교육자가 있다면 자유민주국가를 병들게 하는 범죄행위가 된다. 새로운 정부가 미래 교육을 위해 창조적인 방향과 정책을 모색해 주기 바란다.

◆

나는 염원한다,
선하고 아름다운 인생을

◇

○

친구였던 안병욱 교수의 얘기가 생각난다. 인류 역사에서 가장 모범적이고 아름다웠던 사제 관계는 공자와 그의 제자들과의 기록이었다는 것이다. 그러면서 여건이 허락한다면 『공자와 그의 제자들』이라는 책자라도 남기고 싶은 마음이라고 했다. 마치 자기가 그 주인공 중 한 사람이라도 된 듯한 표정이었다. 나도 공감했다. 그래서 인류의 지혜와 교훈을 남겨줄 수 있었다.

공자의 인품과 삶의 핵심은 무엇이었을까. 성실(誠實)함이었다고 생각한다. 공자만큼 꾸밈없이 진실과 정직을 갖추고 산 사람은 없었을 것 같다. 그는 가난한 마음과 겸손을 겸비하고 있었다. 그 정신의 그릇 속에 인간의 지혜와 지식의 원천을 간직하고 살았다. 학문과 인격의 완성을 위해 평생 정진(精進)하는 자세를 견지했다.

그런 자아의 성실성이 인간관계에서는 인(仁)의 미덕을 탄생시켰다. 선하고 아름다운 인간관계를 평생 베풀어주었다. 그래서 스승 중의 스승으로 존경받았다. 나도 그의 제자였다면 인생이 얼마나 풍부하고 행복했을까 하는 자부심을 가졌을 것 같다.

도를 깨닫기 위해 필요한
성실과 어진 마음

그러나 내가 공자를 누구보다도 존경하는 이유의 하나는 그 자신 속에 잠재해 있는 '영원한 것'에의 그리움이다. 『논어』 이인(里仁) 편에서 "아침에 도를 들을 수 있으면 저녁에 죽어도 좋겠다(朝聞道 夕死可矣)"라고 고백하고 있다. 공자 시대의 영원한 것은 '하늘의 도'였다. 종교적인 진리였다. 그 하늘의 정신적 실재가 인간화한 것이 인(仁)이었고, 인애(仁愛)를 간직한 사람이 성실한 삶을 찾아 누리게 되어 있다. 개인의 성실함이 인간관계의 어진 마음으로 진화하며, 그 어짊의 근원이 하늘과 우주의 진리라고 믿었다.

서양의 중세기는 기독교 세계관의 시대였다. 그 안에서도 "성실한 사람은 악마도 유혹하지 못하며 하느님도 그를 버리지 못한다"라는 격언이 있다. 그런데 공자는 그 도는 내가 찾아서 발견하거나 체험하는 것이 아니고 '인간을 초월하는 실재'가 있어야 한다고 암시해 준다. 그 도를 가르쳐주는 정신적 스승이 있었으면 좋겠다는 자세로 살았다.

철학적인 표현을 빌린다면 종교적 신앙의 문제는 윤리적 한계를 넘어 존재한다는 뜻이다. 성실함의 한계를 넘어 실재하는 것이 신앙이라는 뜻이다. 인간의 사고와 지식보다 인륜적 삶의 가치를 포괄하면서 삶의 가치를 창출해 주는 더 높은 존재의 원천에서 주어진다는 논리다.

그것이 무엇인가. 철학의 동료들이 나에게 묻는 말이 그것이다. 진리를 탐구하는 철학도가 어떻게 종교적 신앙을 먼저 가질 수 있는가. 그것은 이미 철학의 탐구적 본분을 포기한 것이 아니냐는 반론이다. 우리 세대의 선배였던 박종홍 교수도 같은 질문을 했다. 그는 "나는 철학적 진리의 여신 옷자락을 찾아 붙들고 눈물을 흘릴 수는 있어도 종교적 신앙을 받아들일 수는 없다"라고 제자들에게 말하곤 했다. 신앙이 선행하면 진리의 여신은 떠나버리기 때문이다. 다시 말하면 진리를 위한 성실성은 종교 신앙과 공존할 수 없다는 주장이다. 한때는 세계휴머니스트협회가 우리나라에도 있었다. 그 회원 중에는 유신론자가 없었다. 종교적 신앙을 배제했기 때문이다.

나는 철학도가 되기 전에 기독교 신앙을 갖고 있었다. 그래서 무신론 철학자의 저서도 읽었고 종교적 신앙이 없는 인생관과 세계관에 관심을 가졌다. 그런데 그 결과는 내 종교적 신앙심을 더 승화시켜 주었을 뿐이다. 종교적 신앙은 인간의 성실성의 선물이나 결실이 아니었다. 그것이 무엇이었는가. 성실성에 더해 경건성이었다.

경건성은 우리가 모두 지니고 있는 성실함을 한 단계 더 높여준다. 반(反)·비(非)성실함이 아니고, 성실을 내포하는 초(超)성실이다. 나에게 그런 신념을 갖게 해준 철학자는 칸트였다. 그의 종교철학 제목이 『이성의 한계 안에서의 종교』이다. 종교는 초이성적인 영역의 실재임을 암시해 준다. 나는 칸트를 경건성을 지닌 철학자라고 느꼈다. '요청적 유신론'이 가능할지 모르겠다.

그 경건성이 무엇인가. 나에게는 '기도하는 마음'이다. 내 인생이 '기도하는 마음'에서 출발했기 때문이다. 성실성을 갖춘 사람은 기도하는 마음을 포기하지 않는다. 공자의 고백이 바로 그런 뜻이었다. 도를 깨닫기 위해, 성실과 어진 마음이 필요했던 것이다. 『논어』술이(述而)편에 기도에 관한 얘기가 있다. 공자가 신병으로 고통을 겪을 때 자로(子路)가 기도를 드리자고 했다. 얘기를 들은 공자가 내 건강을 위한 미신적인 기도는 원치 않으나 잘못을 뉘우치고 선을 실천하기 위해 신의 도움을 구한다는 뜻의 기도는 항상 드려왔다고 했다.

철학자 박종홍 교수와
김태길 교수의 귀의

공자에게만이 아니다. 친구인 김태길 교수도 기도드리는 말년을 지냈다. 박종홍 교수가 신앙인이 되고, 새문안장로교회에서 장례 예배가 열린다는 신문 기사를 본 배종호 교수가 나를 찾아왔다. 어떻게 된 일이냐고 물었다. 내가 들려준 병중의 사연과 신앙적 회심을 전해 들은 배 교수가 남긴 말이다. "그래, 박 교수도 갈 곳이 없었겠지"라고 했다.

그렇다. 종교적 신앙은 그런 체험에 뒤따르는 인생의 승화된 삶이다. 나는 열네 살 때 삶의 종말인 죽음을 앞두고 있었다. 그래서 기도를 드렸다. "하느님께서 저에게도 어른이 될 때까지 살도록 건강을 허락해 주시면, 제가 나를 위해 살지 않고 하느님의 일을 위해 살고 싶습니다"라는 기도였다. 기도가 지금까지 이어지고 있다. 그런 것이 신앙적 체험이라고 믿는다. 철학의 진리는 선한 인생의 길을 가르쳐주었다. 그러나 종교적 신앙은 내 삶의 목표와 인간의 영구한 희망을 남겨주었다.

◆

사랑이 있는
교육이
세상을 바꾼다

◇

○

김영삼 정부 때였다. 정계 이인자 김종필을 중심으로 교육계 지도
자들이 모였다. 일본과 한국에서 크게 번지고 있는 학교폭력과 청
소년들의 반(反)사회질서 행태를 예방 선도하는 방법을 강구하는
좌담회였다. 내가 그 해결 방향과 방법을 위한 두 가지 제안을 했
다. 첫째는 초등학교와 중고등학교 교재 중에 인간의 존엄성과 생
명에 대한 경외심을 일깨워주는 내용을 자연스럽게 편입하는 내
용이었다. 대학에 가서도 인문·사회문제를 중심으로 인격의 가치
와 인권의 절대성은 물론, 선하고 아름다운 삶의 사회적 가치를 존
중하는 정신과 사상을 계속 일러주자는 제안이었다.

봉사 정신이
필요한 이유

그 구체적인 방법의 하나는 청소년 기간에 봉사 정신을 생활화하는 것이었다. 미국 같은 나라에서도 대학 입학 조건에 학업, 예능 소양, 건강과 운동 여부, 학생회 등을 통한 리더십 그리고 봉사 경력은 필수 조건으로 삼고 있다. 학업성적은 고교 시절보다 대학에서 성취해야 하기 때문이다. 그리고 몇 가지 실례를 들었다.

내가 국군 정신교육 지도위원으로 봉사하고 있을 때였다. 군에 입대하기 전에 보이스카우트나 기독교 YMCA 등을 통해 봉사활동을 한 경력이 있는 군인은 군 생활에서 사고를 일으킨 통계가 없었다는 사실을 지적했다. 다른 사람을 돕지는 못하지만 손해를 끼치는 일은 하지 않았다는 통계였다. 나도 국군의 방송에서 그런 구체적 실례를 소개해 주곤 했다.

새문안장로교회에서 있었던 일이다. 여름방학에 수양회에 다녀와서는 불평이 있었다. 식사에 대한 불만, 잠자리에 관한 불편, 예배 시간 강요 등이었다. 황광은 목사가 다음 해부터는 방향을 바꾸었다. 휴전선 밑의 가난한 사람들이 사는 곳으로 가 봉사활동을 하기로 했다. 땀 흘리고 고달픈 경험이었다. 그런데 끝내고 돌아왔을 때 불평불만이 없었다. 다음 해에 또 가겠다는 학생이 더 많았다.

그 당시에는 많은 기업체가 연수원을 통해 사원 교육을 많이 했다. 내가 전주 지역 삼성생명 여사원들을 위한 강의에 참석했을 때다. 3~4일간의 교육 기간에 한나절은 농촌 가정을 위한 봉사 경험을 권고한 적이 있다. 그런데 연수를 끝내는 평가회에서 많은 사원이 봉사 경험이 가장 좋았다고 대답하였다.

고맙게도 정부 정책을 위한 그 모임에서 내 제안이 받아들여졌다. 중고등학교에 봉사활동 시간을 할애하고 실천에 옮겼다. 그런데 그 실효를 거두기 힘들었다. 선생님들이 적극적이지 못했고 돈은 많으나 교육 가치를 모르는 부모들이 승용차를 타고 아들딸을 데리고 대리로 일해주고 봉사 점수를 채워주는 일까지 있었다. 문제는 부유하면서 자녀 교육을 모르는 학부모에게 있었다. 청소년보다는 학부모 교육이 선결과제라고 느껴지기도 했다.

이런 과정을 밟으면서 긴 세월을 보냈다. 지금도 먼저 교육다운 교육을 받아야 할 사람은 우리 기성세대에 있다. 교육행정을 맡은 교육계 인사들이다. 인간 교육보다 지식 전달을 위한 교육의 한계를 넘어서지 못한다.

비슷한 시기에 일본의 한 사례가 있었다. 도쿄의 한 중고등학교 교사가 학교에서 퇴학을 당하거나 정학 처분을 받은 학생들을 위해 어떤 도움을 줄 수 없을까 고민하다가 재직 학교에 사표를 내고 도쿄의 한 공한지를 찾아 노후하여 사용하지 못하게 된 버스 차량을 준비했다. 그 버스 한 대씩을 교실 삼아 퇴학이나 정학을 받은 학생들에게 재교육을 했다. 희망이 있는 학생들은 본교나 다른 학교로 다시 취학하도록 도와주고, 돌보아줄 수 없는 학생은 계속 공부하도록 이끌어주었다. 그 사실을 안 학부모와 교사는 문제 학생을 버스 교실로 의탁하기도 했다.

그 교사가 교육계의 지목과 관심을 받게 되면서 교육계에 문제가 발생하면 언론기관에서 그 교사의 의견을 묻는 기회가 많아졌다. 나는 우연히 그 기록을 보았다. 그 선생의 목표는 '사랑이 있는 교육'이었다. 초등학교는 말할 것도 없고 중고등학생에게도 '사랑이 있는 교육'이 절실하다는 주장이었다. 버스 교실에는 사랑의 교류가 있었다.

넓은 운동장보다
교사의 따뜻한 정

그 선생은 '작은 학교' 운동을 강조했다. 좋은 시설, 넓은 운동장,

많은 수의 스승보다 교실에서 따뜻한 정과 사랑이 있는 교육이 더 중요하다는 교육정책을 주장했다. 나도 해방 후 2년 동안 북한에서 그런 교육을 경험했기 때문에 지금도 '사랑이 있는 교육이 세상을 바꾼다'라는 생각을 갖고 있다. 청소년들에게는 더욱 그렇다.

최근 우리는 교사의 수는 그대로 유지되는데 학생 수가 줄어드는 위기를 맞고 있다. 특히 초중고등학교의 큰 문제가 되었다. 교실의 학생 수를 줄이고 선생님과 따뜻한 정을 나눌 수 있는 '작은 교실'로 전환할 수 있으면 어떨까 하는 생각을 한다. 어린 학생들은 성장이 빠르고 대부분의 상급반 선생의 고충도 커지고 있는 현상이다. 먼 후일에는 지금과 같은 대형 학교보다 사랑이 있는 작은 교실과 작은 학교가 더 쓸모 있는 훌륭한 제자를 배출하는 결과가 되리라고 생각한다. 교육은 수와 양적 확장보다 인간 교육의 성패에 달려 있다. 정신 가치의 계발, 생활 질서의 육성이 궁극적 목적이기 때문이다.

시골 초등학교 교사가
대학교수가 되려고 한 이유

나는 직장이나 공동체 내 인간관계에는 관심이 없었다. 중학교를 졸업하고 고향에서 초등학교 교사로 1년간 일했으나 그 학교는 교사가 셋뿐인 가정적 분위기였다. 중학교 선생님들과 초등학교 교사인 나 사이에 직책과 인격의 차등이 있다는 것을 느꼈다. 중학교 선생님들보다 한 차원 낮은 선생 같은 아쉬움 비슷한 생각이었다. 그런 느낌이 대학에 진학하겠다는 뜻을 뒷받침했을지 모른다.

대학을 끝내고 해방이 되면서 고향에 있는 중등학교를 운영했다. 고향 주변의 청소년들에게 중등교육까지는 책임지자는 뜻에서였다. 함께한 교사들은 중학교와 대학 동기들이었다. 역시 가족

분위기였고, 학생들은 순박한 시골의 청소년들이었다. 그러나 공산 치하에서 가르치는 것은 빙판에 씨를 뿌리는 것과 같았다. 불가능하다는 어두운 그림자가 다가오기 시작했다. 내 생존 자체가 위험한 처지가 되었다.

직장인으로서의
깨달음 세 가지

2년 후에 탈북하고 서울 중앙중고등학교 교사가 되었다. 직장다운 일터에 들어선 셈이다. 자연히 공동체 안의 내 위상과 대인관계에 관심을 갖게 되었다. 당시 정치계 현실이 끼친 영향도 있었다. 그즈음 터득한 몇 가지 깨달음이 생겼다.

첫째, 상사에게 아첨하는 일은 하지 말자. 내가 상사나 지도자가 되면 절대로 아첨을 일삼는 사람은 가까이하지 말아야 한다고 마음먹었다. 이승만 대통령은 아첨 분자들과 함께했기 때문에 돌이킬 수 없는 실정을 했다. 인촌 김성수는 함께한 사람들과 격의 없는 우정을 나눴기에 모범적인 인간관계를 남겼다. 존경과 흠모의 대상이 되었다.

둘째, 동료와 선의의 경쟁은 좋으나 상대를 비방하거나 나보다 안 되기를 바라는 반(反)인격적인 행위는 하지 말자. 내 인품과 인격을 훼손하는 행위이기 때문이다. 결과적으로는 선한 사회생활에서 밀려날 뿐이다.

셋째, 같은 직장이나 공동체에서 편 가르기를 하는 어리석은 과오를 범하지 말자. 윗사람이나 동료를 대할 때는 서로 존중하며 공생의 미덕을 높여야 한다. 정치계의 편 가르기가 국사를 망치는 사례를 자주 보았기 때문이다.

연세대학교에 오면서 두 가지 기대를 품었다. 중고등학교 교사보다 인격과 학문의 수준이 높은 선배들과 함께하기에 인격 함양과 학문 발전의 희망을 안고 출발했다. 내 대학 동료들은 먼저 교수가 되었고 나는 10년 정도 학문을 소홀히 했으므로 나 자신의 부족을 인정했다. 그러나 5~6년 후에는 그 거리감이 사라지기 시작했다. 대학교수의 수준과 학문적 열정이 기대보다 높지 못했던 것 같았다.

내가 중앙학교 교감으로 있을 때, 신인 교사에게 당부했다. "우리 학교에 있는 동안에 열심히 공부해서 학문의 길을 걷든지 교육자로서의 사명감을 간직해 주세요. 둘 다 놓치고 60세가 되면 후회하게 되고 인생의 공허감과 낙후감을 갖게 됩니다"라고 했다.

교육자로서의 사명감은
어디에서 오는가

대학에 몸담고 있을 때도 모범이 될 만큼 인격과 품위를 갖춘 선배나 동료는 많지 않았다. 내가 대학 다닐 때의 교수들과 차이가 있어 보였다.

학문적 열정과 인격적 소양에서는 나도 비슷한 위치에서 출발해도 늦지는 않겠다고 생각했다. 두 가지 이유였을 것이다. 나는 대학에 오기 전부터 도산과 인촌을 비롯해 여러 종교계 지도자나 사회 인사들과 접촉할 기회가 많았다. 특히 기독교계 지도자들과의 교류는 다른 교수들보다 앞서 있었다.

또 다른 이유는 운동권 학생들의 활동이 표면화되면서 같은 계통의 일부 교수들이 편 가르기에 앞장서는 것을 보았기 때문이다. 그것은 사상과 학문은 물론 대학 교육의 전통과도 어긋나는 태도였다. 기독교 교육이 폐쇄적이면 인문학의 우수성과 창조적 가치 창출에 지장을 줄 수 있다는 우려가 컸다.

대학을 떠날 때쯤 되어서는 새로운 희망이 생겼다. 내가 존경하는 김태길, 안병욱을 비롯한 친구들이 대학과 사회에서 흔히 볼수 없는 학문적 열성과 높은 인격을 갖추고 있었다는 사실을 알게 되었다. 후배와 제자들이 그런 소중한 친구들을 사표로 삼으면서 대학의 전통을 이어가게 되리라는 희망을 품었다. 그들의 애국심과 지성 사회를 위한 성의 있는 노력이 새 역사를 이끌어갈 것임을 의심하지 않았다.

나무가 모여 숲이 되는 순간
공동체는 역사의 주체가 된다

큰 소가 떠나면 작은 소가 자라 그 뒤를 계승하게 된다. 그래서일까 요사이 나는 후배 교수들에게 "총장의 존경을 받는 교수가 되라"라고 권고한다. 그런 교수는 대학의 운영을 책임진 총장을 진심으로 존경하고 협조하게 된다. 세계를 이끌어가는 대학이 모두 그렇다.

내가 교육계로 진출했을 때는 교육이 목적이라고 생각했다. 대학에 있을 때는 훌륭한 대학이 희망이었다. 그러나 대학을 떠난 뒤부터는 넓은 사회와 유구한 역사의 고장에 다시 동참하고 있는 자신을 발견하게 되었다.

내가 그만큼 성장했거나 지도력을 갖추었다는 뜻이 아니다. 나에게 주어지는 책임과 의무가 아직 남아 있다는 사명감 때문이다.

나무는 홀로일 때는 영향이 크지 않다가 같은 나무가 모여 숲을 이루게 되면 그 공동체는 역사의 주체가 된다. 그 숲이 한 산을 차지하면 위대한 유산을 남길 수 있다. 지성인의 사명이 그런 것이다.

내 청춘을 채워준
톨스토이와
도스토옙스키

톨스토이 권위자 박형규 교수가 92세로 작고했다는 신문 기사를 읽었다. 『전쟁과 평화』 『안나 카레리나』를 번역한 러시아문학 전문가였다. 그 부음 소식을 보면서, 한 번도 대면한 적은 없으나 러시아문학의 동지 한 사람을 먼저 보낸 것 같은 허전함을 느꼈다.

내가 톨스토이의 『전쟁과 평화』를 읽은 것은 중학교 2학년 때였다. 학교 도서관에서 책 제목이 그럴듯해 보여서 읽기 시작했다. 상당 부분 읽은 후에야 그 책이 장편소설이고 톨스토이는 러시아의 유명한 소설가라는 사실을 알았다. 내가 생각해도 철없는 모험을 했다. 다 읽고 난 후에는 재미에 끌려 『안나 카레리나』도 읽었다. 그 후에는 그 당시 세계적으로 많은 독자를 차지한 『부활』까지 읽었다. 그다음에는 그의 사상에 관한 책들을 읽었다. 『인생론』과 『참회록』 등이다.

톨스토이와 도스토옙스키
책에 담긴 인간

일본 대학 예과 때였다. 서양사 교수가 "지난 여름방학 동안에 좋은 독서를 한 학생이 있으면 잠시 시간을 할애해 줄 테니까 누구 없느냐"라고 제안했다. 그때 한 친구가 "김형석 군의 톨스토이 강의를 추천한다"라고 했다. 그래서 톨스토이 얘기를 시작했다. 20분 정도 지났는데, 동급생들이 흥미보다도 장난삼아 계속하라고 해 교수 강의 대신 톨스토이 강의를 했다. 그다음부터는 동급생들 간에 '톨스토이 전문가' 비슷한 별칭이 생겼다. 그때가 생각났다. "박 교수보다 내가 20년이나 일찍 톨스토이 전문가였는데…"라는 사념이 바람에 날리는 낙엽처럼 지나갔다.

돌이켜보면 톨스토이를 읽기 시작할 때부터 90년의 세월이 지난 지금까지 톨스토이와 인도의 간디는 내 인생의 동반자가 되었다. 그 두 사람의 정신적 영향은 나를 떠나지 않고 있다. 그래서 나 자신도 예측할 수 없는 운명의 길을 걷게 되었는지 모르겠다. 『전쟁과 평화』가 나에게 남겨준 정신적 유산은 달걀 속에 잠재해 있는 문학예술이라고 할까. 달걀을 깨고 태어날 때까지는 나도 모르는 문학과 예술의 원천이었던 것 같다.

나의 글과 사상 속에 어떤 예술성이 있다면 그 샘의 근원은 톨스토이가 안겨준 선물이다. 『전쟁과 평화』 속에는 톨스토이의 사상이 형상 모르게 잠재해 있다. 대자연 속의 인간이란 무엇인가를 묻게 한다. 그의 글에는 역사를 지배하는 어떤 섭리가 간직되어 있다.

톨스토이의 영향 덕분에 러시아 소설과 철학책을 많이 읽었다. 영·독·불 문학보다 러시아문학에 더 많은 시간을 할애했다. 대학에 진학해서는 톨스토이를 떠나 도스토옙스키의 철학과 인간 문제, 종교관 전체와 만나게 되었다. 내가 중학생 때 여론조사에 따르면, 소설 주인공 가운데 가장 인상에 남는 사람이 누구냐는 물음에 『죄와 벌』의 라스콜니코프라는 대답이 압도적이었다.

『죄와 벌』은 돌이킬 수 없는 죄를 범한 인간의 처참함이 어떤 것인지 일깨워준다. 매춘부의 방에 들렀던 라스콜니코프가 벽에 걸려 있는 십자가 앞에서 "나는 하느님은 모르겠으나 인간이 얼마나 비참한 존재라는 사실에는 무릎을 꿇는다"라고 고백하는 장면은 지금도 기억에 남아 있다.

『카라마조프가의 형제들』은 인간적 삶의 수많은 근본 문제를 성찰하게 한다. 본능적 향락에 취해 있는 아버지, 정직과 정의를 믿고 사는 군 출신의 큰아들, 철학적 회의주의에 빠진 둘째 아들, 수도원에서 순수한 신앙적 양심을 믿고 자라는 셋째 아들, 세상과 인생을 비웃으며 사는 혼외 아들, 생각 있는 독자는 나는 그중에 누구인가를 묻게 한다. 인생의 피할 수 없는 많은 문제를 던져준다.

니체와 키에르케고르가
끼친 영향

내가 대학생 때는 독일 철학자 니체, 덴마크 기독교 사상가 키에르케고르, 도스토옙스키는 세상을 궁금해하는 젊은이들의 필독 저자들이었다. 제2차 세계대전에서 이탈리아의 무솔리니가 패전을 앞두고 실의에 빠졌을 때 독일의 히틀러가 니체 전집을 보내주었을 만큼 니체의 '권력의지'는 독일적 성격을 지닌 철학자였다.

키에르케고르의 영향력은 대단했다. 그의 책들이 20세기 초창기를 전후해 독일어로 번역되면서 독일·유럽·일본·미국 사상계를 휩쓸었다. 유신론적 실존철학의 선구적 역할을 담당했다.

도스토옙스키가 남긴 파장도 엄청났다. 내가 1962년 하버드대학교에 머물렀을 때였다. 세계적 신학자로 알려진 P. 틸리히(Paul Tillich) 교수도 강의를 위해 다섯 권의 책을 추천하면서 『카라마조프가의 형제들』을 언급하였던 기억이 떠오른다. 복잡한 인간사를 가장 다양하게 서술하였기 때문일 게다.

우리가 젊었을 때는 영국, 프랑스, 독일 다음에 러시아가 세계 정신 무대에 진출할 것으로 의심하지 않았다. 불행하게도 러시아가 공산국가로 전락하면서 사상의 자유가 배제되고 인문학이 버림받게 되고 정신문화는 황무지가 되었다. 소련이 해체되면서 문예부흥이 가능해지기를 바랐다. 그러나 공산정권은 그 희망까지 허락하지 않았다. 지금은 푸틴이 제2의 스탈린의 후계자가 되고 있다.

레닌과 스탈린의 뒤를 추종했던 북한의 현실이 같은 불운을 떠안고 있다. 중국의 시진핑은 제2의 마오쩌둥으로 위상을 높여가고 있다. 덩샤오핑의 계획이 성공했다면 오늘의 중국은 제2의 냉전시대를 만들지 않았을 것이다. 인문학과 휴머니즘의 단절과 붕괴가 그렇게 중대한 역사적 변화를 초래할 줄 몰랐다.

100년 시간에서 배운 것
"일을 사랑하는 사람이 행복하다"

◇

○

언젠가 캐나다에 갔을 때였다. 친분이 두터운 전 선생이 자기 동생 얘기를 들려주었다. 한국에서 상업학교를 졸업한 그의 동생이 캐나다에 이민 왔을 무렵이었다. 캐나다에서는 기술자가 되어야 직장도 쉬 구할 수 있고 빠른 기간에 정착할 수 있다. 전 선생이 친구인 캐나다 사장에게 취업을 부탁했다. 그리 크지 않은 자동차 정비 공장이었다. 전 선생은 아우에게 "처음에는 기술 습득 기간이 있고 적당한 때에 정식 직원으로 대우해 줄 것이니 최선을 다해보라"라며 당부했다. 형의 소개를 받아 직장을 찾은 전 군은 6개월 정도 훈련을 쌓고 계약직이 되기로 약속받았다.

캐나다 정비공장에서
인정받은 청년

전 군은 취업 10여 일 후부터 다른 동료들보다 한 시간 일찍 출근해 청소와 작업 준비를 하고, 퇴근 후에도 한 시간씩 남아 잔업을 정리했다. 6개월 후에는 유급 직원이 되었다. 그래도 하루 2시간씩 계속 남아 일했다. 주인에게는 자신이 영어도 부족하고 본인에게도 도움이 되는 일이니까, 그대로 허락해 달라고 요청했다. 그렇게 2년이 지나고 크리스마스를 맞았다.

주인이 전 군에게 "네가 원해서 하는 일이지만 내가 감사한 마음으로 선물을 하나 주겠다"라고 했다. 전 군은 작업복이나 한 벌기대했는데 뜻밖에도 주인이 타던 자동차를 넘겨주겠다고 했다. 전 군은 그렇게 큰 선물은 받을 수 없다고 사양했다. 주인은 캐나다에서는 선물을 거절하는 일은 없으니까 받으라고 했다. 형과 상의한 전 군이 주인에게 "나는 아직 그렇게 좋은 차를 탈 수 없으니까 그간 다닌 교회 목사님에게 그 차를 드리고, 목사님의 작은 차와 바꿔도 괜찮겠냐"라며 양해를 구했다. 그렇게 해서 정규 기술자 대우도 받게 되었다.

전 군 형의 얘기다. 얼마 전에 그 사장이 찾아와 "작은 정비소를 하나 준비하고 있는데 당신이 반(半) 투자하고 동생에게 실무를 맡기면 어떻겠는가"라고 제안해 왔다는 것이다. 그 사장은 캐나다 직원보다 전 군의 마음씨와 성실한 노력을 믿은 것이다.

나는 요사이 기업체나 회사의 초청을 받아도 전 군 경우 같은 얘기는 꺼내지 않는다. 1970년대까지는 내 얘기가 받아들여졌으나 노조 운동이 정착되면서 이제는 낡아빠진 옛날 일이 되어버렸다. 그러나 전 군 얘기는 실제 있었던 일이다. 영국 연방국인 캐나다는 가장 먼저 노조 운동이 일어난 나라다. 심한 노사갈등도 겪었다. 그럼에도 노조 측에서 보면 시대와 어울리지 않는 전 군 같은 얘기가 통한다. 또 국민 다수가 이를 인정한다. 예컨대 영국, 캐나다는 물론 많은 국가가 영국 대처 총리의 노조 개혁이 영국 경제를 다시 일으켰다고 부러워한다. 30년쯤 지나면 우리도 전 군과 같은 사례를 수용할 수 있을지 궁금하다.

노동운동과
선의의 공동체 의식

우리나라에 노동조합운동이 활발하게 벌어질 때였다. 내 제자인

박영식 교수가 연세대학교 총장이 되었다. 새로 뽑힌 노조 조합장이 150개가 넘는 요구사항을 들고 왔다. 박 총장의 고백이다. 너무 어이가 없어 "나 이 요구사항을 다 검토할 시간이 없으니까, 전국에서 가장 좋은 대우를 받는 대학의 사례를 알려주면 그보다 더 잘해주겠다"라고 거부 의사를 밝혔다는 것이다. 거짓말같이 들릴 것이다. 이화여대에서도 신생 노동조합의 요청이 110여 개였다고 들은 적이 있다. 민노총의 핵심 조합원이 삼성 본사에 진입해 노조 설립을 강요하기도 했다. 이런 노동운동이 절정에 이른 것은 문재인 정부 때였을 것 같다. 문 정권의 두 세력이 민주노총과 전교조로 인정받을 정도였다.

우리는 노조 활동을 거부하거나 반대하지 않는다. 그런 사회운동이 있어 과거의 잘못이 비판받고 개선되며 역사적 발전도 이뤄지기 때문이다. 하지만 정부와 국민이 함께 믿고 따라야 할 규범도 있다. 가장 적절한 표현을 빌린다면 '선의의 공동체 의식'이다. 윤리적 가치이며 정의로운 방법이다. 공산주의 국가에서와 같은 정치적 목적과 이념을 위한 경제 규범이나 노동운동이 되어서는 안 된다.

국가 전체의 목적과 방향을 배제한 정권 운동이나 노조가 소속된 조직체를 위해서는 어떤 수단과 방법도 허용될 수 있다는 가치관과 사고방식은 버려야 한다. 노사의 조화로운 협력이 필요하다. 국가 경제를 육성·발전시키는 의무마저 포기할 권리는 용납되지 않는다. 노조도 사회의 부분 조직이다. 전체 국민을 위한 협력체이다. 국가 전체나 윤리에 위배되는 행위는 곤란하다. 자칫 정신적 질서 파괴까지 연결될 수 있다.

사회발전의 원천이 되는
일의 다양성

따져보면 노동자 아닌 국민은 없다. 일의 다양성이 사회 진보의 원천이고 원동력이다. 일의 가치는 개인이나 이해집단이 결정하지 않는다. 사회가 평가 규정한다. 내가 하는 신체적 일이 노동이고, 정신적 가치와 문화 운동은 노동이 아니라는 생각은 잘못이다. 지금 우리가 문제 삼고 있는 최저임금이나 근무시간 규정은 다양할 수밖에 없다. 인간의 자유로운 선택이 우선이다. 삶의 가치는 임금이나 시간의 길고 짧음에 달려 있지 않다. 모두가 스스로 인간다운 삶과 행복을 추구하고 서로 공존하면서 협력하는 것이 최선의 의무이며 방법이다.

나도 100년의 인생을 살아보았다. 일을 사랑하는 사람이 행복을 누린다. 애사심을 요청하는 게 아니다. 내가 함께하고 있는 공동체로서의 직장을 통해 사회에 기여한다는 원칙을 저버려서는 안 된다. 이기적인 삶은 불행을 자초하며 폐쇄적인 이기 집단은 사회적 불행을 더해줄 뿐이다.

◆

포로수용소에서 온
제자의 성경책

◇

○

6·25전쟁이 중반을 넘어설 때였다. 몇 달 전에 나를 찾아왔던 두 군인 제자를 다시 만날 수 있었다. 그들은 거제도 포로수용소에 수감돼 있던 이 군의 색다른 편지를 건네주었다. 제자들과 학생 때 겪었던 얘기를 주고받았다.

그들이 남기고 간 큼직한 사무용 봉투를 뜯었다. 담배 냄새가 강하게 풍겼는데, 그 속에 이 군의 편지가 들어 있었다. 또 그가 여러 번 읽은 흔적이 있는 성경책도 있었다. 이 군의 편지 내용을 요약하면 이렇다.

눈물로 고백하는
제자의 편지

"6월 25일 전쟁이 보도되면서 선생님과 마지막 헤어질 때 기억을 잊지 못합니다. '하느님께서 다시 만나기 어렵게 떠나는 우리 학생들을 끝까지 지켜주시기를 바랍니다'라는 눈물 머금은 기도였습니다. 저는 상부의 지시를 받고 성경 공부보다는 선생님을 감시·보고하는 책임으로 참석하곤 했습니다.

2주쯤 지났을 때입니다. K 선생님의 지시에 따라 선생님을 감시하다가 10일 이내로 체포해 오라는 통고를 받았습니다. 처음에는 신촌에 있는 집까지 갔다가 돌아오고, 두 번째는 이화여대 김종필 목사 사모님의 얘기를 통해 선생님은 피란을 떠났고 가족만 남아 있다는 사실을 알았습니다. 같은 명령이 계속될 것 같아 인민군에 자진 입대했습니다. 전선을 따라 이동하다가 국군의 포로가 되었습니다.

거제도 수용소에 있을 때 수용소 외곽을 감시하는 국군 중에 이 편지를 전하는 중앙학교 친구를 발견했습니다. 후에는 또 한 친구를 만나 선생님 소식을 들었습니다. 그동안 여러 가지 생각으로 고민하다가 귀순하고 국군으로 편입하는 것이 좋겠다는 결심을 했습니다. 두 차례 심사를 통과했습니다. 허락되면 전쟁이 끝날 때까지 대한민국을 위한 충성스러운 군인과 국민이 되기를 결심했습니다.

선생님, 옛날과 같이 저를 위해서 기도해 주시길 바랍니다. 제가 수용소에서 읽던 성경책을 동봉했습니다."

나는 나중에 이 군이 진해 부근 국군 부대에 근무하고 있다는 소식을 전해 들었다.

휴전과 더불어 나는 부산 중앙학교 분교를 정리하고 서울 본교로 복귀했다. 경찰 정보 관계자가 찾아왔다. 그를 통해 몇 가지 사실을 알았다. 함경도 출신인 엄진기 선생과 나, 교련 장교로 있던 정 대위와 송 중위는 A급 반공 분자여서 체포 대상이자 처형 대상이 되어 있었다.

B급 1번은 미국 주재 한국대사의 사위인 김상을 선생이었다. 중앙학교 좌파 책임자 남로당원은 지리 선생인데, 정치적 발언은 별로 하지 않는 조용한 성격이었다. 엄 선생은 좌파 학생들에 의해 체포되어 세상을 떠났다. 엄 선생의 두 아드님은 그 후 미국에서 한국 방송국 지사장을 하면서 반공 운동에 앞장섰다. 송 중위는 피신해 있다가 좌파 학생들에게 잡혀가 삼청동 숲속에서 피살되었다고 했다.

이념으로 변한
인간관계들

정 대위는 나와 같이 피란을 갔다. 정보기관 경찰은 나머지 반역을 한 선생들의 신분을 알고 싶었던 것이다. 나에게 "세상이 바뀌면 선생님만 불행해질 텐데 학생들에게 반공 얘기는 삼가는 것이 좋겠다"라고 걱정해 주었던 박 선생은 후에 경희대학교 교수가 되었다. "3개월 동안 서울에 머물면서 내 생각을 많이 했다"라는 불문과 선생은 "때가 오면 자결하려고 청산가리 독약을 지니고 있었다"라고 했다. 그는 후에 고려대학교 교수가 되었다. 나와 함께 지내면서 들은 북한의 실정을 체험했다는 고백이었다. 좌파는 아니지만 성격이 과격했던 선생들이 앞장서 활동하다가 북으로 간 일도 있었다.

다른 얘기다. 내가 오래 친분을 갖고 지낸 김여순 중고등학교 교장이 있다. 아끼는 제자가 좌파 선생의 지령을 받고 지내다가 경찰에서 조사받게 되었다. 김 교장이 직접 신분 보증을 서고 계속 사랑으로 키웠다. 아버지 같은 마음으로.

6·25전쟁이 터지자 제자가 찾아와 제가 끝까지 보호해 드릴 테니까 집에만 계시라고 부탁했다. 어떤 날 잠시 볼일이 있어 밖에 나

갔다가 집으로 돌아오는데 그 제자가 집으로 들어가고 두 사람이 집 앞에 서성거리는 것을 보고 이상한 예감이 들어 피신했다. 후에 알아보니까 그 제자가 사복을 한 보안서원을 동반하고 집으로 왔던 것이다. 그다음부터 김 교장은 모든 사람과 제자는 믿을 수 있어도 공산주의자는 믿어서는 안 된다는 얘기를 서슴지 않았다.

북한을 탈출한
황장엽 씨의 고백

내가 1962년 유럽에 갔을 때는 공산당원을 자처하면서 선전하는 사람들이 어느 나라에나 있었다. 1972년에 갔을 때, 프랑스와 이탈리아에서는 공산당에서 탈당했다는 지성인들을 자주 만났다. 20세기 말에는 유럽에서 공산주의자를 찾아보기 힘들 정도로 상황이 달라졌다. 인간다운 삶을 원하는 사람은 진실과 인간애를 포기하면서 공산주의를 신봉할 수가 없기 때문이다. 일본도 비슷한 정치적 변화를 겪었다.

6·25전쟁을 체험한 나와 같은 세대도 자유민주주의를 자연스럽게 따르고 있다. 북한에서 공산 치하를 살아본 사람들은 같은 정

치적 과정을 체험했기 때문이다. 자유와 인격의 가치를 염원하게 되면, 반공적 사명을 포기하지 못한다. 북한에서 정신적 지도자로 존경받던 황장엽 씨도 인생 말년에 자유를 찾아 목숨을 걸고 탈북했다.

그가 나에게 남겨준 말은 지금도 잊지 못한다. "나는 한 번도 내 인생을 살아보지 못했습니다. 북한 동포와 굶주리고 있는 어린애들을 위해서는 내 모든 것을 희생시켜도 아깝지 않습니다. 북한에서는 인간다운 삶이 사라진 지 오래입니다"라는 고백이었다.

연세대의 전설,
세 석두 교수 이야기

◇

○

내가 70년 전에 연세대학교에 부임했을 때, 옛날 스승을 연상케 하는 세 석두(石頭) 교수 얘기가 있었다. 그 첫 번째는 자타가 인정하는 철학과 정석해 교수였다. 다음 타자인 국어학자 김윤경 교수까지는 변함이 없었는데 세 번째에 대해서는 의견이 갈렸다. 이공대학장이었던 수학과 교수와 같은 대학에서 영어학을 가르친 심인곤 교수였다. 나는 심 교수가 자격을 갖추었다고 보는 편이다.

심 교수는 나와 가까이 살았고 같은 교회에서 봉사했기 때문에 유자격자라고 생각했다. 그는 걸음을 걸어도 정면만 본다. 옆에서 누가 인사를 해도 눈동자만 돌려 볼 뿐 얼굴은 돌리지 않았다. 심 교수가 웃는 모습을 본 사람이 많지 않을 정도다. 그의 채플 시간 설교는 학생들의 관심을 끌었다. 그러나 표정과 모습은 돌비석처럼 빈틈이 없었다. 요즘 같으면 AI 강연 같았을 것이다.

대학 측에서 심 교수를 미국에 교환교수로 추천한 적이 있었다. 그를 만난 미국대사관 헨더슨 문정관이 "17세기 신사를 본 것 같다"라고 했을 정도다. 한번은 사모님께서 간곡하게 부탁한 적이 있다. 사연은 이렇다. 저축 관련 얘기였다. 내가 "선생님 요사이는 인플레가 극심해서 적금하는 사람이 없는데 아직도 봉급 일부를 은행에 저금하십니까"라고 했더니 심 교수가 "내가 학생들 보고 그렇게 해야 국가 발전에 희망이 있다고 가르치고 딴짓을 하면 되겠어요"라고 반문했다. 그는 퇴임 후에 낙향했는데 그 지방 사람들이 심 교수를 '도사(道士)'로 대우했다.

김윤경 선생은 누구나 그의 성품을 잘 안다. 평생 한마디도 거짓말을 하지 않은 분이다. 화를 내거나 누구를 비판하거나 욕도 하지 않았다. 아호 그대로 '한결'같이 사셨다. 다 알려진 얘기가 있다. 한 운동선수가 김 교수의 교양국어 과락 때문에 한 학기를 더 다니게 되었다. 그 학생이 술에 취해 화풀이하러 김 교수 집을 찾아가 이름을 부르며 고함을 질렀다. 사모님이 당황해 선생에게 피신하라고 권했다. 대문을 열고 나선 김 교수가 "자네 ○○군 아닌가. 왜 그렇게 시험 답을 잘못 썼나. 내가 1점만 더 주면 되기 때문에 여러 차례 찾아보았으나 안 되었어…"라면서 아쉬움과 나무람 섞인 걱정을 했다. 49점으로 과락한 것이다.

그 인자한 모습을 본 제자가 아무 말도 못 하고 돌아갔다. 나는 그분의 충고를 지금도 잊지 못한다. 내가 세배를 드리고 "새해부터는 대외적인 강연이나 방송은 줄이고 학교 강의와 연구에 노력을 더 많이 하겠다"라고 했더니, 대문 밖까지 따라 나와 배웅하면서 "김 선생, 내 간절한 부탁인데 학교 강의도 중요하지만 잠자는 시간을 줄이더라도 대외 활동을 계속하세요. 내가 경험해 보니까 오래되지 않아 후배 교수들이 김 선생을 대신해 줄 겁니다. 아직은 우리가 후진 사회니까 필요해서 부탁해 오는 일은 계속하세요. 학생들도 중요하지만, 사회봉사는 필요한 시기와 인재가 있어야 합니다"라며 자기 일처럼 부탁했다.

잘못을 저지른 후배 교수나 학생들이 가장 무서워한 교수는 정석해 선생이다. 그런데 오래 사귀어보면 그와 상반되는 성격이다. 책망하면서도 후배와 제자들을 끔찍이 사랑했다.

4·19가 지나고 4월 25일에 있었던 일이다. 정 교수가 주동이 되어 몇 대학의 원로 교수가 목숨 걸고 젊은 학생 200여 명의 희생에 보답하자는 교수 데모를 계획했다. 후배 교수들에게는 대학

에서 대기하라고 연락하고 혜화동에 있는 서울대학교 교수회관에 뜻을 같이하는 교수들이 모이기로 했다. 그날 아침 정 교수는 가족들과 마지막 가정예배를 드리고 "혹시 내가 저녁때 집에 돌아오지 못하더라도 각오하라"라는 부탁을 하고 집을 나섰다. 정 교수는 "우리 늙은이가 먼저 희생되었어야 젊은 학생들이 살 수 있었는데…"라는 얘기를 자주 했다. 그때 성사된 교수 데모가 '이승만 대통령 하야와 자유당 정권의 종식'을 역사에 남겼다. 그런 역사적 사건을 계기로 몇 대학에서 민주화운동이 일어났고 연세대학교가 그 소용돌이의 중심이 되었다.

대학에서 다섯 교수가 예고 없이 해임된 사건이 발생했다. 그 일의 부당성을 지적하고 항의한 주동자도 그 세 교수였다. 다섯 교수 해임을 철회하거나 교권의 보장을 확립하는 학원 민주화를 위한 투쟁이었다. 나는 늦게 세 교수와 대학 정책 시정을 요구하는 학원 내 농성에 동참했다. 그 당시 사태가 언론을 통해 대학가와 사회에 큰 충격을 주었다. 농성에 동조하는 학생들이 총장서리였던 원일한 선생 집까지 찾아가 항의했다. 그 학생들은 서대문 경찰서로 연행구금되었다. 농성 교수단은 항의 농성을 끝내고 대학 결정을 따르기로 했다. 부부싸움에 애들이 희생되어서는 안 되기 때문이다.

나도 농성 교수의 한 사람으로 시련과 아픔을 모면할 수 없었다. 그해 크리스마스이브에 서대문 형무소에 구금되었던 학생들이 모두 석방되었다. 우리 교수들은 형무소 앞에서 눈물을 참지 못했다.

지금 생각해 보면 그 세 교수만큼 사욕과 사심 없이 대학을 사랑한 사람은 없었던 것 같다. 일제강점기를 통한 그분들의 애국심은 역사에 남아 있고 학생들을 위하고 사랑하는 교육자의 자세는 모범이 되었다. 나는 그분들의 신앙심도 높이 평가한다. 정석해 교수는 공산 치하에서도 신상 조사서 종교란에 '장로교 평신도'라고 명기했다. 대학에서 쫓겨나더라도 신앙인임을 자부하였다.

지금은 세 분 다 떠났다. 두 분 교수는 동상과 기념상을 학교에 남겼다. 정 교수는 우이동 4·19 묘역에 지팡이를 짚고 여러 차례 찾아가곤 하다가 아드님들이 사는 미국으로 가셨다. 내가 미국에서 마지막 인사를 드렸을 때도 "한국에서 잠들고 싶다"라고 하셨다. 나라를 위해 제자들을 사랑하고 키웠던 스승이다.

✦

교실이 바뀌어야
교육이 성공한다

◇

○

9월 초순이었다. 교육정책과 방향 설정을 위한 교육방송 토론회에서 국가교육위원회 위원장, KAIST 총장, 서울대학교 총장, 세 분과 자리를 같이하게 되었다. 주제는 '교실이 바뀌어야 교육이 성공한다'였다.

다른 세 분은 모두 대학에서 교수가 되었으나 나는 초중고, 대학 교육 모두를 경험했기에 사회자가 먼저 내 견해를 물었다. 나는 '사랑이 있는 교육이 세상을 바꾼다'라는 신념에서 초중고 시절 경험담을 소개했다.

허약했던 손자,
지금은 심장내과 교수

40여 년 전, 미국에 사는 큰딸 집에 갔을 때였다. 외손주가 초등 4학년인데 키도 작고 볼품도 없는 편이었다. 며칠 전 학교에서 운동회가 있었다. 우리 애는 열심히 뛰었지만 언제나 꼴찌였다. 내 딸은 그러지 않아도 어려서부터 열등감에서 헤어나지 못할 것 같아 담임선생과 상의하곤 했다. 운동회가 걱정될 수밖에 없었다. 그런데 그 애가 운동회에서 상장을 받아왔다. '누구보다도 제일 열심히 뛰었기 때문에 준 상'이었다. 꼴찌는 했지만, 열성만은 제일이었으니까 준 것이다. 그 애가 지금은 심장내과 교수로 일하고 있다. 초등학교 때는 그런 사랑이 있어야 한다고 생각한다.

그 애가 초등학교 때 배운 것은 거짓 없는 정직, 욕하거나 어떤 폭력도 큰 잘못이라는 정신, 부족한 점 때문에 책망받는 것보다 작은 일이라도 잘한 일에 칭찬받는 교육이었다. 학교장은 선생과 학부모와 합심해서 사랑이 있는 교육을 위한 분위기를 조성해 주었다. 큰 학교보다 규모가 작은 학교, 학생 수가 적을수록 사랑이 많은 교육이 가능하다고 생각한다. 어려서 가난했고 병약했던 나를 중학교에 가도록 부모와 의사를 설득해 주었던 윤태영 선생의 사랑을 잊지 못하고 있다.

중고등학교에 있을 때였다. 고2를 지도할 당시 반 학생이 자살하려고 극약을 먹었다. 부모가 일찍 발견하여 병원에 입원시키고 위기를 넘겼을 때였다. 학생 어머니의 전화를 받고 병원에 찾아갔다. 아직 의식이 회복되지 못하고 깨어나는 중이었다. 내가 얼굴을 맞대고 "내가 누군지 알겠느냐"라고 물었다. 퉁퉁 부어오른 눈을 뜨면서 나를 보는 모습이 '내가 죽었을 텐데, 우리 선생님이 아닌가?' 하는 표정이었다. "내가 왔어. 어머니의 전화를 받고…"라고 했더니, 흐느껴 울기 시작했다.

내가 진심으로 책망했다. "너 이게 무슨 짓이냐. 너를 목숨보다 귀하게 사랑하는 부모님이 계시고, 너를 위하고 사랑하는 나와 친구들이 있는데, 무슨 일인지 모르겠지만 죽으려고 했어? 그렇게 네 멋대로 행동하는 법이 어디 있어?"라고. 학생이 엉엉 울기 시작했다. "너 이제 깨어나면 또 이런 짓을 할 테야"라고 물었다. 울음을 그치고 "다시는 그러지 않겠다"라고 했다. 옆에 있던 어머니가 선생님과의 약속이니까 믿어도 되겠다며 안심하는 표정이었다. 나는 제자의 손을 꼭 잡고 함께 울었다. 그 제자가 서울대학교 공과대학에서 광산학을 전공하고 미국 유타주 한 회사의 중책을 맡고 있다.

나는 교실에는 '사랑이 있는 대화'가 절대적이라고 생각한다. 부모와 선생의 사랑을 믿을 수 있고, 미래를 약속하는 선한 친구들과 마음을 함께하는 대화. 선하고 아름다운 인간관계는 대화를 통해 이루어진다. 그 경험을 연장해 가는 사람이 성공하고 행복해진다. 그리고 오래전부터 내 소신은, 중고등학교 나이에 친구와 이웃을 위하는 봉사 경험이 있는 학생은 군 생활이나 사회생활을 하면서도 불미스러운 행동은 물론 범죄자가 되지 않는다는 것이었다. 학교 성적은 큰 문제가 아니다. 인간다운 삶을 스스로 찾아가는 공동체 안에서 대화와 만남이 인생의 가치와 보람을 좌우한다.

자주 있는 일이다. 지방에 갔다가 제자들을 만난다. 한 고등학교 교사가 "대학에 있을 때는 열심히 공부도 하고 학점도 나쁘지는 않았는데 지금은 그 당시 공부한 것은 다 잊어버렸다"라고 했다. 내가 "이상하다. 나는 대학 때 들은 강의와 공부한 것을 지금도 기억하는데"라며 웃었다. 다른 제자가 "선생님은 기억력이 특출하셨지요"라고 물었다. "내가 대학에 다닐 때는 공부를 한 것이 아니고 학문을 했다. 그 당시에 가지고 있던 문제의식이 지금까지 계속되고 있으니까 기억한다"라고 답했다.

나는 대학교와 학문의 다양성과 창조성을 위한 하나의 방법으로 문제의식을 갖추어야 한다고 생각한다. 우리 사회가 요구하는 공통된 문제의식 없이는 더 좋은 미래 교육과 사회를 이끌어갈 수 있는 지도자는 배출되지 못한다. 교수는 언제나 문제의식을 동반한 연구와 강의를 하고 학생들과 그 주어진 문제를 해결하는 토론과 결론 탐구의 장(場)이 되어야 한다.

전공에 갇힌
한국의 대학 교육

불행하게도 우리나라 학생들은 독서가 병행하지 못하고 모든 공부를 수능시험에 집중하기 때문에 학문과 사상의 주체가 되는 인문학적 사유의 결핍이 심각해지고 있다. 의사들도 환자를 대할 때는 과거와 달리 주치의가 동료 교수들과 종합 진단을 통해 병상을 판단한 후에 다시 주치의가 책임을 진다. 교수들은 그런 초보적인 과정도 밟지 않기 때문에 여전히 독립된 한 과목, 전공 분야에만 집중해 학문의 다양성과 사회적 요청을 외면하는 경우가 많다. 그 때문에 인문학이 설 자리를 스스로 좁혀간다.

나 같은 경우는 독립된 철학과에서 강의하다가 역사학에도 관심을 두고, 문학 영역에도 참여해 '인문학적 사유'를 넓게 경험한 후에 다시 철학으로 복귀하려고 노력했다. 그러니까 철학적 사고가 인문학적 사유로 확장된 후에 다시 철학적 학문의 차원이 높아지곤 했다. 특히 역사 문제와 사회과학은 그런 발전적 변화가 필요하다. 이런 여러 가지 전문성과 융합성이 있는 현실을 받아들이고 해결하기 위해 만들어진 대학 교실에는 문제의식이 필수적이다. 교실이 바뀌지 못하면 학문과 사회의 발전적 희망은 불가능하기 때문이다.

♦

나는 인간다운 교육을
하고 싶었다

◇

○

1940년 무렵이었다. 내가 숭실중학교 4학년을 끝내면서 평양 교육계에 큰 변화가 생겼다. 일본의 조선총독부는 평양에 하나뿐인 숭실전문학교와 숭실중학교, 숭의여자중학교를 폐교했다. 민족주의 기독교 학교였기 때문이다. 그 당시에는 평양의 3숭(三崇) 폐교 사건으로 전국적인 관심사가 되었다. 그 대안으로 일본인 학생이 다니는 학교를 제1 공립중학교, 한국 학생을 위한 평양고보를 제2 공립중학교, 숭실중학교를 폐교한 대신 제3 공립중학교로 개편하면서 한국 학생과 일본 학생이 함께 공부하게 했다. 기독교 민족주의 학생을 황국(皇國)신민으로 개조하는 학교를 만들었다.

황국신민 양성에 몰두한
일제의 횡포

숭실중학교에서 자란 우리를 1년 동안에 일본 국민으로 개조하려는 교육이 어떠했겠는가. 또 학생들이 받는 정신적 고통과 혼란이 얼마나 심했겠는가. 부모와 사랑으로 한마음이 된 어린애가 증오심에 가득 찬 계모 밑에 사는 1년이었다. 100명 정도의 4학년 학생을 반으로 축소했기에 퇴학당하는 학생 없이 졸업한 것이 다행이었다.

학교 교문 안에서는 한국말을 사용할 수 없었고, 민족주의와 기독교 사상도 금지했다. 나 같은 학생까지 교무실에 끌려가 모든 선생이 보는 앞에서 담임선생에게 이유 없는 구타를 당했다. 기독교 가정 출신이고 기독학생회 간부로 있었던 이력 때문이다. 내 친구들과 함께 졸업을 못 하게 되는가를 걱정했다.

그 1년 동안 나는 일생에서 최악의 교육을 경험했다. 민족을 사랑하는 전통을, 침략국인 일본 국민으로 바꾸려는 정치교육이었다. 그것은 교육이 아니고 정치적 인간 개조의 수단이었다. 단적으로 표현한다면 인간 교육이 정치 목적의 수단이었다. 있을 수 없는 교육이었다. 일본 본토 안에서도 그런 교육은 없었으니까.

25세에 북에서 해방을 맞이했다. 정치적 안정기가 회복되면서 나 같은 자유주의 지성인은 할 일도 없지만 북 정권에서 본다면 최악의 성분과 반동분자에 속한다. 고향에 조용히 머물면서 주변 농촌 젊은이를 위해 중고등학교 수준의 교육을 제공할 목적으로 사립중학교를 설립했다. 뜻을 같이하는, 숭실중학교에 함께 다녔던 대학 친구들의 도움을 받았다.

북한 정권의
특수층 세습 교육

그러나 교육 환경이나 사회생활 여건으로 보아 공산정권은 일제강점기보다 더 심한 악조건을 갖고 있었다. 일제강점기에는 나만 조용히 항일이나 친일을 떠나 살 수 있었다. 그러나 공산 치하에서는 종교적 신앙까지 지킬 수가 없었다. 공산주의자가 되거나 정권의 노예가 되는 두 가지 길밖에 없었다.

우리가 뜻한 교육은 공산당원의 감시로 허용되지 않았다. 학생 일부는 민주청년동맹에 가입하지 않으면 학교 운영 자체가 불가능했다. 결국 학교 이사장은 체포되어 수감됐고, 교장인 나도 신변 보장을 받을 수 없어 교육을 단념하고 탈북했다. 사립 교육 자체가 불법이었으니까.

그때 함께 고생하던 교사 전부가 서울에 와서 중고등학교 교사 그리고 나중에 교장이 되었다. 공산정권은 자유주의자는 공산주의자가 될 수 있어도, 종교인은 공산주의자가 되지 못한다고 단정했다. 소련, 중공, 북한에서는 종교가 사라졌고, 전통적인 종교 국가는 공산국가가 되지 않았다. 유럽과 미주만이 아니다. 인도와 중동도 그렇다. 사회주의까지는 되어도 종교는 공산국가에서는 허락되지 않는다. 그런 점으로 미루어 북한의 교육이 어떻게 되었겠는가. 교육다운 교육은 일제강점기 시대보다 더 불가능해졌다. 지금은 공산주의 교육보다 김일성 왕가를 위한 정신교육으로 퇴락했다.

해방을 맞은 뒤 1년이 되면서 우리 마을 북쪽에 '유가족 학교'가 설립됐다. 공산주의와 항일운동에 가담했던 당원들의 가족을 위한 특수학교다. 그 학교 출신이 김일성대학과 김책공대로 진학해 공산국가의 지도자가 되는 기반은 일찍부터 계획했다. 최고의 성분을 갖춘 미래의 지도자 양성의 특수학교였다. 공산주의자들이 세습적으로 계승하는 특수층 교육기관이다.

결론은 간단하다. 공산국가에서는 사상의 자유나 인문학이 설

자리가 없다. 정치 목표와 이념이 절대적 신념과 같이 교육의 지상 목표가 된다. 그곳에서 인간 교육을 한다는 것은 빙판에 씨를 뿌리는 것 같은 무모하고 불가능한 일이다.

교육은
그 자체가 목적이다

그 결과는 어떻게 됐는가. 러시아는 100년 동안에 문화 후진국으로 추락했다. 중국은 2500년 동안의 문화·정신적 전통과 유산을 버리고 아시아의 대표적인 공산국가가 되었다. 북한은 유례없는 인간 상실의 사회로 변했다.

대한민국이 교육의 자유 국가로 출범하게 되었다는 사실을 가볍게 보아서는 안 된다. 자유는 선택과 다양한 정신문화의 창조와 함께 이루어진다. 교육을 기반 배경으로 민족 이상이 가능해진다. 지난 70년간의 국가 성장을 가능케 했다.

그러나 세계 무대에서 경제 10위권에 걸맞은 교육을 위해서는 개혁할 과제가 한둘이 아니다. 교육은 그 자체가 목적이지 정치나 경제의 수단 방법이 아니다. 사회 모든 분야의 방향과 목표를 제시해 주어야 한다. 교육의 궁극적인 목표는 계속되는 인간성 회복과 선한 사회질서 창출이다. 선한 인간성의 완성이 인간적 가치와 사회의 출발과 목표가 되어야 한다. 최선의 교육이 역사와 사회의 원천과 희망이다.

♦

인생은
자기 뜻대로
이루어지지 않는다

◇

○

중학교 4학년 때, 철학을 공부해 정신적 지도자가 되었으면 좋겠다는 뜻을 굳혔다. 대학에서 철학과를 선택했고 열심히 공부했다. 그러나 사회적 환경이 허락지 않았다. 대학 후기에 학도병 문제로 대학을 떠났다. 해방과 더불어 다시 태어나는 희망은 얻었으나 학문을 계속할 여건이 되지 않았다. 북한 공산주의 치하는 모든 희망을 빼앗았다. 탈북해서 7년 동안 중고등학교 교사로 있으면서도 철학 공부는 놓지 않았다. 그러나 6·25전쟁으로 내 인생 계획을 중단할 수밖에 없었다.

실천철학을
전공한 까닭

33세 때 대학 세 곳의 시간강사로 다시 학문을 시작하다가 연세대학교에 부임하였다. 다시 철학을 향한 출발을 한 셈이다. 그러나 문제는 있었다. 한국철학이나 동양철학 대신 서양철학을 택한 데는 이유가 있었다. 근대 이후에는 서양철학이 세계를 주도하고 있었기 때문이다.

학문은 나를 위한 내 지식으로 끝나는 것이 아니다. 이론적인 철학은 지식으로 받아들이되 전공 분야는 실천철학 분야를 택했다. 윤리학, 종교철학, 역사철학 그리고 그 당시 세계적 연구 대상이었던 실존철학 등을 연구하였다. 철학 방법의 기초가 되는 인식론도 실천철학의 영역에서 재해석될 가능성이 있을 것으로 생각했다. 그래서 인식과 진리에 관한 실천적 과제를 정리해 보고 싶었다. 한국철학회에서 「시간의 실천철학적 구조」를 발표했고 「시간의 종말론적 구조」라는 논문도 발표했다. 그러면서 『철학의 세계』 『윤리학』 『역사철학』 『종교의 철학적 이해』라는 네 권의 책을 남겼다.

그 당시의 철학과 현실 사이의 간격은 너무 심각했다. 마치 대학 철학이라는 기관차는 한강 북쪽에 머물면서 사회적 현실인 객차는 강남에 떨어져 있는 상태였다. 기관차가 뒤로 돌아가 객차를 끌어오지 않고 따라오라는 것 같았다. 누군가가 그 간격을 메워야 하는데 교수들은 철학 상아탑에 안주하려는 자세였다. 나같이 중고등학교 경험과 사회 실정을 잘 아는 누군가가 그 책임을 감당해야 했다.

그래서 철학적 사상을 현실과 생활 개념에 연결 짓는 글을 쓰기 시작했다. 1960년대 초반에 『고독이라는 병』과 『영원과 사랑의 대화』가 그 결과로 태어났다. 기대보다 독자들의 호응이 좋았다. 그렇게 20~30년의 세월이 지났다. 나도 모르게 철학 교수보다 수필 작가로 인정받는 계기가 되었다.

김태길 교수도 비슷한 길을 택했다. 해방 전에는 법학을 공부하다가 해방과 더불어 철학(윤리학)으로 전공을 바꾸었다. 우리 사회에 도움을 주는 학문이 필요하다는 판단이었을 것이다. 수필과 수상집을 남겼다. 그가 남겨준 《철학과 현실》 계간지는 지금도 사회적 책임을 감당하고 있다. 나와 김태길 교수와 함께 철학계의 삼총사로 불리는 안병욱 교수도 철학의 대중성과 사회적 가치관으로 유도해 주었다.

나의 스승

안창호와 조만식

나에게는 또 다른 문제가 있었다. 철학도가 되기 이전에 기독교 신앙을 갖고 자랐다. 기독교 교리는 교회와 더불어 소중하나, 기독교 진리로서의 가치관은 교회 밖 민족과 현대인의 인생관으로 승화해야 한다는 사실을 깨달았다. 도산 안창호와 고당 조만식을 비롯한 민족지도자를 통해 얻은 신앙관이다.

그래서 교회 영역 밖에서 혼자 신학 공부를 계속해 왔다. 지금은 어떤 목회자 못지않게 학문과 사상의 진리로서 신학을 추구해 왔다고 자부한다. 미국에 머무를 때는 세계적 종교학자인 M. 엘리아데(Mircea Eliade)의 강의를 들었고, 하버드대학교에서는 P. 틸리히와 R. 니버(Richard Niebuhr)의 강의도 경청하는 특전을 얻었다. K. 바르트(Karl Barth)가 미국에 왔을 때는 두 차례 강연에도 참석했다.

그런 과정을 밟았기에 기독교 대학인 연세대학교에 머물면서 전국 대부분의 기독교 대학과 중고등학교를 위한 신앙 운동에 도움을 주었다. 숭실대학교에서는 개교 70주년 기념부흥회 강사로 초청받았고, 새문안교회의 100주년 역사에 최초로 평신도가 책임을 맡아 부흥회를 도왔다. 내 책의 독자인 신부가 성당에서도 신앙적 강연 요청을 하는 때가 있다. 명동성당도 그중 하나이다. 미국과 캐나다의 대표적 한인교회에서도 30여 년 동안 초청을 받았다.

기독교에 관한 저서도 여러 권 남겼다. 왜 이런 얘기를 하는가. 기독교계에서는 내가 철학 교수인 동시에 기독교 사상가로 인정받게 되었기 때문이다. 부끄럽게도 지금은 내가 나를 누구라고 생각하는가를 묻게 된다. 세 가지 영역에 참여하는 동안에 철학 연구를 떠나 수필가나 기독교 사상가가 된 것 같기도 하고, 그 어느 하나에도 만족스러운 성과를 얻지 못했다는 후회도 있다. 그러나 그렇게 살 수밖에 없었던 운명이라고 할까 섭리가 주어졌던 것 같은 일생을 보냈다.

자유와 인간애를 위한
휴머니즘

그래도 그것이 나였다. 사람은 제각각의 인생을 살게 되어 있다. 성공과 실패는 사회가 판단을 내린다. 그러나 철학으로 출발했던 내가 어느 사이에 인문학의 한 사람으로 남게 된 것은 사실이다.

인문학적 사유가 철학적 사고를 포함했던 것 같고, 철학은 인문학의 소중한 위치에 있으나 인문학의 영역 안에 머문다고 생각한다.

진정한 철학은 인문학과 공존하면서 그 특수성을 차지한다고 본다. 인문학은 어떤 학문인가. 자유와 인간애를 위한 휴머니즘의 학문이다. 그래서 역사와 사회의 주역을 담당한다. 인문학이 종교, 철학, 역사, 문학 모두를 포함하면서 그 학문의 방향과 해답을 이끌어주어야 한다고 믿는다. 인문학은 철학을 포함한 인간과 사상의 학문이기 때문이다.

그러나 이제 다시 대학으로 돌아간다면 철학도가 될 것이다. 인문학적 사유와 과제를 근원적이면서 전체적으로 다시 해석하는 것이 철학 본래의 과제이다. 인간적 삶의 가치관과 역사적 이해의 세계관은 철학의 문제이기 때문이다.

3부

◇

선한 개인들이 자유롭고 행복해지기 위하여

한미동맹은
자유와 평화를 위한
역사적 사명에서 태어났다

◇

○

내 큰딸 H는 1960년대에 미국 유학을 갔다. 대학 기숙사에 머물고 있을 때였다. 가까이 있는 교회에서 유학생들을 위한 저녁 파티에 참석해 달라는 초청을 받았다. 키가 작고 어려 보이는 편이지만, 가지고 갔던 한복을 입고 참석했다. 한국 학생은 혼자뿐이었다. 자기소개 시간에 인사를 했는데 50대 후반으로 보이는 한 부인이 옆 자리로 다가와 "당신이 H 양이냐"라고 물었다. 한국 유학생이 있다는 연락을 받고 만나고 싶었다면서 친절히 대해주었다. 그 부인은 내 딸과 한국에 대한 여러 가지 질문을 하였다.

그러는 동안에 공식 순서가 진행되었다. 그 부인은 시종 H의

3부 . 선한 개인들이 자유롭고 행복해지기 위하여

모습을 살피면서 친절과 사랑이 넘치는 후의를 베풀어주었다. 파티가 끝났을 때는 "우리 집으로 초대하고 싶은데 올 수 있으면 감사하겠다"라는 얘기를 했다. 그러면서 전화번호를 나누어 갖고 헤어졌다. 내 딸은 객지에서 그 부인이 어머니처럼 느껴졌는데 어딘가 마음의 아픔을 안고 있는 느낌이 들었다고 했다.

6·25전쟁에서
아들을 잃은 부모

연락을 받고 약속했던 대로 저녁 식사를 겸한 시간에 그 부인 집을 찾아갔다. 여러 가지 한국 얘기를 나누다가, 하나밖에 없는 그 집 아들이 6·25전쟁 때 한국에 출전했다가 전사했다는 사실을 알았다. 중공군이 남침해 들어오면서 함경도 전선에서 소식이 끊어진 것이다. 한국의 하늘은 한없이 맑은데, 전쟁이 끝나고 평화가 정착되면 부모님과 함께 와보고 싶다는 편지가 뒤늦게 전달된 것이 마지막이라고 했다. 그 아버지가 식사를 끝내고 커피를 마시면서 낮은 목소리로 들려주었다. 식사 전에 들었다면 음식을 먹지 못했을 것이라고 했다.

헤어질 시간이 되었다. 부인이 "우리 아들 방을 보겠느냐" 하면서 안내해 주었다. 아들이 쓰던 서재 방이 그대로 보전되어 있었다. 책상 오른쪽에 젊은 청년이 밝은 웃음을 띠고 찍은 사진이 있었다. 사진 속 그의 아들은 당장이라도 방문을 열고 들어올 듯이 정답게 보였다. 내 딸이 자기도 모르게 부인 품에 안기면서 울어버렸다. 참을 수가 없었던 것이다. 겨우 눈물을 닦고 안정되었을 때, 그 아버지가 다시 입을 열었다. "이제는 괜찮아졌어요. 내 아들은 한국 사람들의 자유와 평화를 위해 목숨을 바쳤기 때문에 우리는 누구보다도 자랑스럽게 생각합니다. 언젠가 한국을 방문하고 싶어요. 평화롭고 행복하게 잘 사는 사람들을 보면서 내 아들의 자랑스러운 생애를 기억하고 싶어요"라고 했다. 내 딸은 기숙사에 돌아와 많이 울었다고 했다.

내가 하버드대학교에 머물 때는 일요일이면 하버드 야드에 있는 넓지 않은 예배당에 참석하곤 했다. 채플 오른쪽 벽에는 재학중에 6·25전쟁에 출전했다가 전사한 학생들의 명단이 새겨져 있었다. 20여 명이었던 것으로 기억한다. 볼 때마다 나와 우리 한국인들이 빚진 죄인 같은 심정을 억제할 수가 없었다. 그 죄의식에서 풀려나기 위해서라도 자유와 평화를 빼앗기고 고통받는 사람들을 위해 주어진 의무를 감당해야겠다는 '인간다운 삶의 도리와 의무'

를 되새기곤 했다.

지금도 한국을 찾아오는 미국과 다른 참전국 노병들은 모두가 같은 뜻을 전해준다. 한국을 위해 목숨을 바친 전우들의 희생이 헛되지 않았다고. 한미동맹은 6·25전쟁을 계기로 맺어졌다. 그러나 그 뿌리는 자유와 평화를 위한 휴머니즘의 결실이었다.

자유와 평화를 위한
횃불을 들자

금년은 6·25전쟁 72주년이 된다. 시간이 허락되면 한 번 더 현충원과 부산의 유엔묘지를 찾아보고 싶다. 6월이 다 가기 전에. 누구를 위해, 왜 그런 비극적 죄악의 역사를 만들어야 했는지, 그 많은 희생의 죗값을 누가 감당해야 하는지 묻고 또 물어도 해답을 찾을 수 없다. 그렇게 동족 간의 비극을 저질러놓고도 나와 우리가 잘못했다는 책임자는 보이지 않는다. 최근에는 북한을 비롯한 세계 몇 곳에서 핵무기 운운하는 정치지도자들까지 등단하고 있다.

영국을 대표하는 세계적 철학자인 B. 러셀(Bertrand Russell)이 남긴 글이 회상된다.

"정권욕의 노예가 된 어리석은 정치가들이 원자핵 폭탄을 만들어 사람들 모두가 머무는 대강당 한가운데 장치해 놓았다. 그러고는 그 위험성을 알리기 위해 경고문을 써 붙였다. '돌이나 담뱃불을 던지면 폭발할 위험성이 있으니까 주의하라. 우리 모두가 살아남기 위해서다'라고. 그러고는 이제는 안심해도 된다는 정치지도자들의 자랑거리로 삼는다. 돌과 담뱃불을 자신들이 쥐고 있으면서."

이런 상황에서 우리들의 선택과 책임은 무엇인가. 그런 정권 밑에 사는 모든 사람이 양심과 용기를 갖고 자유와 평화를 위한 횃불을 들어야 한다. 폭력은 언제 어디서나 죄악이며 전쟁의 주동자는 세상에서 사라져야 한다. 자유 억압과 인권 침해는 용서받을 수 없는 범죄이다. 그 책임자와 가담자는 자유와 인간애가 있는 사회에 공존할 자격을 상실한 사람들이다. 종교와 도덕은 물론 인류 공존의 가치인 자유와 평화는 인간 존재의 절대 조건이기 때문이다.

자유민주주의는 휴머니즘의 목표와 방법을 구현하기 위해 존재한다. 삶의 선한 가치와 희망을 양보해서는 안 된다. 무력과 정권을 우상으로 신봉하고 따르는 정치세력은 세계 어디서나 용납될 수 없고, 존재해서도 안 된다.

조지 워싱턴과
벤저민 프랭클린의
무덤

미국 워싱턴 DC 부근에 가면 마운트 버넌이라는 곳이 있다. 미국 초대 대통령 조지 워싱턴의 저택과 농장이 보존되어 있다. 미국인은 물론 많은 사람이 찾아가는 관광지의 하나이다. 농장 안을 거닐면 안내 방송이 들려온다. 워싱턴은 두 차례의 대통령 임기를 끝내고 주변의 간곡한 연임 권고를 거부하고 사저로 돌아와 살았다. 찾아오는 손님들이 대통령이라는 호칭을 쓰면 워싱턴은 "나는 대통령이 아닙니다. 대통령은 지금 백악관에 계십니다. 이름만 부르기 어색하면 파머(farmer·농부)라고 불러주세요"라고 말하곤 했다는 것이다.

그 당시 미국은 영국 전통을 따라 전직 대통령이 세상을 떠나면 응당 국회의사당 안에 안장될 것으로 여겼다. 그 분위기를 잘 아는 워싱턴은 자기는 내 농장 집, 내가 지정한 장소에 묻어달라고 유언했다. 지금도 살던 저택 왼쪽 그것도 돌이 쌓여 있던 경사지에 잠들어 있다. 여러 차례 국회의사당으로 이장할 것을 시도했으나 아직까지 유언에 따라 옮기지 못했다. 보초 군인 두 사람이 교대해서 경호를 서고 있다.

필라델피아를 대표하는 인물
벤저민 프랭클린

워싱턴이 살아 있을 때 창고 비슷하게 사용하던 건물 안에는 그의 애용품이 전시되어 있다. 가장 눈에 띄는 것은 바이블로 그가 얼마나 애독했는지를 엿보게 한다. 섬기는 사람이 참다운 지도자라는 미국의 정신적 원천을 암시해 준다.

내가 일찍부터 관심을 가졌던 미국의 지도자는 워싱턴보다 벤저민 프랭클린이다. 그는 워싱턴보다 26년 선배였고 필라델피아의 인물로 평가받는다. 필라델피아 어디에 가든지 그의 삶의 향기와 흔적이 남아 있다. 필라델피아라기보다 프랭클린시라고 부르고 싶을 정도다. 그의 무덤을 보고 싶어 찾아다니다가 안내를 받아 발견한 곳은 일반인과 같은 묘소에 누워 있는 비교적 큰 돌비석 무덤이었다. 많은 사람이 지나다니는 길가이지만 찾아보는 사람은 별로 없어 보였다.

프랭클린의 『자서전』을 읽으면 초창기 미국의 실정을 짐작하게 한다. 그는 독립선언문을 기초했고 미국 헌법제정에도 참여했다. 대서양을 왕복하면서 영국과 유럽의 문화·사상계와 교류도 많았다. 학문과 정신계의 친구들은 모두 유럽에 있었다. 미국인은 그를 과학자와 발명가로 평가할 정도로 존경하나 정규적인 과학교육은 전무했고 학교교육도 받은 바가 없었을 시대의 사람이다. 지극히 평범한 국민의 한 사람이었다. 바로 그런 사람들이 미국을 건설했다. 정부가 수립되기 이전에 교회와 대학이 설립되었고 정치지도자보다 사회지도자들이 나라를 건설했다. 그 기반에는 기독교적 휴머니즘이 깔려 있다. 어떻게 보면 모래 위에 지은 집이 아니고 반석 위에 세워진 건물이었다는 인상을 준다. 정치적인 것은 인간적인 것의 부산물이었고, 민주정치는 인간다운 삶의 유물이었다는 생각을 갖게 한다.

나는 지금까지 열 명의 우리나라 대통령과 함께 지냈다. 그런데 한 번도 어느 대통령의 무덤을 찾아보고 싶다는 생각을 해보지 못했다. 물론, 내 편협된 견해일 것이다. 이승만 대통령을 계기로 대한민국이 자유민주주의 정치 노선을 굳건히 한 데는 존경심을 갖는다. 그러나 왜 철없는 경무대(현 청와대) 측근들의 장막에 가려 4·19 때 애국심을 호소하는 젊은이들에게 발포를 허락했는지 애석한 마음이다. 박정희 대통령도 그렇다. 국민을 절대빈곤에서 경제 건국의 기틀을 만든 공로는 인정하면서도 유신헌법을 만들고, 인권 경시의 과오를 범했는지 유감이다.

최근에는 나도 모르고 있던 두 가지 사실을 알았다. 노무현 대통령의 봉하마을 묘역과 시설이 그렇게 넓은 줄은 몰랐다. 그리고 역대 대통령들이 무궁화대훈장을 셀프 수상했다는 사실이다. 국회에서 생전이나 사후에 증정하는 것으로 알았다.

구소련의 N. 흐루쇼프(Nikita Khrushchyov) 서기장이 셀프 영웅 훈장을 받았고 같은 독재국가에서는 관례가 되어 있다. 김정은도 그중 한 사람이다. 박정희 대통령은 군 출신이니까 받고 싶었을 것 같다. 민주주의 국가 원수의 셀프 훈장은 어울리지 않는다. 앞으로는 국민이 무궁화대훈장을 드리고 싶은 정치지도자가 많은 나라가 되었으면 좋겠다.

정직과 진실,
인간의 기본 가치

그런데 나는 지금도 도산 안창호의 묘소를 찾아갈 때가 있다. 나만이 하고 싶은 말씀을 드린다. 이장하기 전에는 인촌 김성수의 묘소를 찾아가기도 했다. 그들은 정치계에 몸담고 살면서도 국민 계몽과 교육을 더 소중히 여겼다. 국민 모두의 인간다운 삶과 행복을 정치의 목적으로 삼았다. 국민에게 모든 것을 바쳤지 국민과 정치를 통해 자신을 먼저 생각하는 지도자가 아니었다. 나라를 위해 태어났다가 국민을 위해 모든 것을 베푸는 생애를 살았다. 개인적으로 대면했을 때도 인간다운 모습을 갖추고 있었다. 자신을 평범한 국민의 한 사람으로 자처했다.

정치는 정권과 공존한다. 정권욕에 빠지면 국민은 정치의 수단이 된다. 두 사람에게는 정권욕이 없었다. 항상 더 유능한 인재를 찾아 양보하는 모범을 보였다. 명예를 탐내지 않는 사람은 없다. 교육계와 종교계의 지도자들도 예외는 아니다. 그러나 도산과 인촌에게서는 그 흔적이 보이지 않는다.

더 중요한 것은 정직과 진실, 공정과 정의, 휴머니즘의 기본 가치인 인간애 등은 정치적 사회 가치의 기본이다. 그분들은 인격과 더불어 그 사회적 가치를 지니고 있었다. 정치 그 자체는 목적이 못 된다. 국민의 인간다운 삶을 구현하는 수단과 과정임을 보여준 지도자들이다. 우리를 위해 사시다 가신 지도자 중의 지도자이다.

✦

대한민국이 지향하는
정의란 어떤 것인가

◇

○

해방 직후니까, 프랑스와 이탈리아에 공산주의 사상이 팽창했을 때였다. 프랑스의 한 철학자가 공산주의자와 미국 자유주의자의 사상을 비교하면서 남긴 얘기를 읽었다. 어떤 사람이 캐딜락 자동차를 몰고 파리 거리를 달리면 프랑스의 젊은이들은 "저런 건방진 놈이 있나. 당장 붙잡아 처벌하고 자동차를 몰수하라"라고 한다.

그런데 어떤 사람이 캐딜락을 타고 미국 뉴욕 거리를 지나가면 흑인 젊은이들도 "야! 근사한데, 나도 한 번 저런 차를 가져보았으면 좋겠다"라고 부러워한다는 것이다. 공산주의자는 평등을 위한 수단을 정의라고 생각하지만 미국인은 더 많은 자유를 모두가 누릴 수 있어 정의의 가치가 귀하다는 생각을 갖고 있다는 뜻이다.

J. F. 케네디와
R. 케네디 형제

또 하나의 예, 미국의 J. F. 케네디가 40대 젊은 대통령의 기록을 세
웠다. 내각을 구성할 때 30대의 친동생 R. 케네디를 법무장관에 임
명하면서 "너무 좋아하지 말라" 하고 얘기했다고 들었다. 그런데
어떤 미국인이나 야당 국회의원도 그 임명을 정의롭지 못하다든
지 공평하지 못하다는 얘기를 하지 않는다. 케네디 형제의 인품과
사회적 공정성을 인정하기 때문이다. 오히려 동생이어서 형에게
쓴소리할 수 있을 거라고 생각하는 사람이 많았다. 형제간이지만
공익을 위해서는 사사로운 이해관계가 없을 정도의 상식을 갖춘
형제로 믿어준 것이다.

하버드대학교에서 신입생을 선발할 때 있었던 일이다. 미국 전
역에 하버드 졸업생들이 일하고 있는데, 알래스카주에는 하버드
출신이 없었던 모양이다. 그래서 알래스카주 출신 학생을 선발하
자는 여론이 생겼다. 그 결과는 잘 모르겠다. 만일 하버드대학교에

서 자기네 졸업생을 고려해 알래스카 출신 학생을 입학시켰다고 해서 미국인들은 불공정이라든지 학사 비리를 조사해야 한다는 여론을 일으키지 않는다. 사회 공익성을 위한 선택은 불의나 불평등이 아니라는 상식 때문이다.

미국 대학에서 자기 대학 출신을 교수로 채용하는 것을 꺼리는 것은 대학의 목적이 국가를 위한 인재를 사회로 진출시키는 데 있기 때문이다. 동문들이 대학을 운영하면 동질사회로 굳어져 발전이 안 된다고 생각한다. 그 밑에는 정의를 공익을 위한 방법으로 인정하는 사회질서가 깔렸기 때문이다. 폐쇄적인 정의 관념보다 사회 공익을 위한 개방된 자유를 존중하는 사회질서의 다양성이다.

내가 대학에 있을 때 겪은 고민이 있다. 졸업생이 취직을 원해 추천서를 부탁해 온다. 다른 대학 졸업생도 있으니까 좋게 써달라는 기대를 갖고 온 것이다. 그때 나는 그 제자의 장점을 앞세우지만 단점은 쓰지 않는다. 나 때문에 낙방해서는 안 된다고 생각한다. 나도 내 생각 안에 잘못이 깔렸다고는 인정하지 않는다. 그 학생이 믿음직스럽지 않은 때에는 나보다 학과장이나 학장의 공식적인 추천서로 대신하는 것이 좋겠다고 책임 회피를 위해 거절하는 때도 있다. 그런 습관이 나 자신의 인격을 스스로가 훼손한다는 생각은 하지 못했다.

그런데 미국 교수들은 소견서나 추천서를 본인이나 상대 기관에서 요청받으면 장단점을 정확히 기록하면서 선도할 수 있는 가능성 여부를 추가한다. 만일 거짓 과장이나 사실과 어긋나는 추천서를 썼다면 작성한 교수의 인격과 신뢰가 떨어지고 후에는 추천할 신의와 자격을 잃는다. 교수로서의 인품을 스스로 훼손하는 일은 자신과 사회를 위한 정의가 못 된다고 생각한다.

최근 우리 대학 사회가 비판을 받는 원인을 반성하게 된다. 교수들 자신이 자신과 때로는 제자들, 심하면 아들딸들의 장래까지 불행하게 만드는 실수를 범하곤 한다. 누가 사회정의를 병들게 하는가. 교육계에 몸담은 나 자신을 부끄럽게 반성하게 한다. 내가 나를 믿지 못하면 누가 나를 믿어주겠는가.

지난 몇 해 동안 국가 통치권자를 포함한 우리 정치계의 정의 관념은 어떠했는가. 아직은 갈 길이 너무 멀다는 자책감을 떨칠 수 없다. 그러면서도 정의로운 국정을 선도해 가겠다는 정치지도자들이 대부분이다. 나와 우리가 하는 일은 모두가 정의이고 상대방이나 다른 사람이 하는 것은 언제나 불의라는 식의 사고방식과 가치관을 가진 지도자가 허다하다. 그런 사고방식을 잘못이라고 생각지 못하는 지도자가 대를 이어가는 후진 국가들이 우리 주변에 있을 뿐 아니라 우리 후대에도 만연한다면 어떻게 되겠는가.

3부. 선한 개인들이 자유롭고 행복해지기 위하여

평등과 자유가 함께하는
휴머니즘

정의는 평등을 위한 수단 가치이며 정권이 권력으로 평등사회를 만들어야 한다는 이념주의 정치가가 있었다면 민주주의에 역행했기 때문에 심판을 받아야 한다. 정의는 공정성 없이는 불가능하다고 믿는 지도자는 마라톤 경기의 출발선에는 누구나 참여할 수 있고, 골인선의 심판을 허위로 조작할 수 없다는 엄연한 규범은 지켜야 한다. 기회의 균등성과 결과의 공정한 평가는 사회생활의 기본 가치이기 때문이다.

그러나 더 중요한 정의관이 있다. 정의를 가장해 사회적 공익성을 훼손하거나 억제하는 평등 위주의 정의관은 정의의 가치를 파괴한다는 사실을 인정해야 한다. 공익성에는 두 가지 성역이 있다. 다른 사람의 인격이나 인생을 헐뜯거나 파국으로 몰아넣는 일이다. 그리고 소수집단의 정의관에 붙잡혀 다수인과 사회의 선한 질서를 해치는 행위다.

우리는 어떠했는가. 과거 이념 정권의 강경파들은 권력으로 평등사회를 만들어야 한다는 질서 파괴의 정의관을 갖고 있었다. 현정부는 최소한 공정한 사회를 위한 정의의 책임을 지켜야 한다. 그

것이 정의 사회 구축의 기초 작업이다. 그 후에 자유민주주의가 성숙하게 되면 정의는 공익을 위하고 자유와 공존할 수 있는 창조적 기여를 동반하는 자유민주주의 국가에 동참하게 된다. 정의의 궁극적인 가치는 인간적 삶의 가치를 위하기 때문이다.

민주국가의 큰 나무에는 정의로운 평등과 창의적 자유가 함께 열매를 맺어야 한다. 그런 나무를 우리는 휴머니즘(인간애)의 나무로 키워가는 것이다.

◆

악한 권력에 맞선
선한 개인의 역사

◇

○

제2차 세계대전 주동자의 한 사람인 일본의 도조 히데키(東條英機)
총리의 처형 기록을 우연히 보게 되었다. 내가 대학생 때는 일본
육군을 대표하는 도조 총리의 정치 행적을 직접 보았다. 일본 해군
은 태평양전쟁을 기피하는 분위기였다. 장교들이 사관학교 시절
에 영국과 미국을 비롯한 서구 국가들의 전력과 실상을 관찰했기
때문에 전쟁에 승산이 없음을 짐작했던 것 같다. 다수의 일본 지성
인들, 특히 기독교계 지도자들과 휴머니즘에 동조하는 국민의 반
전론도 있었다. 그러나 일본 군부는 천황의 권위를 애국심으로 가
장해 태평양전쟁을 감행했다.

패전 후에 도조 총리는 극동국제군사재판에서 전쟁범죄자로 판결받고 사형 집행을 대기하는 처지가 되었다. 1948년 12월 23일 이른 아침, 사형집행관이 스가모 형무소 감방문을 열고 들어섰다. 도조는 예감했었는지 단정히 무릎을 꿇고 앉아 두 손을 모으고 속죄의 염불을 하고 있었다. 형리의 안내를 받아 형장으로 가면서도 염불을 드렸다. 밧줄이 목에 걸리고 의식을 잃을 때까지 속죄의 염불을 계속했다는 기록이다. 그가 64세 때였다.

트로츠키 암살한
스탈린의 최후

일본과 동맹국인 독일의 히틀러는 러시아군의 접근을 보고받고 자기 시신을 완전히 불태워 적군에 한 점도 넘기거나 남기지 말라고 지시했다. 1945년 4월 30일 56세로 생애를 끝냈다. 또 같은 동맹국이었던 이탈리아의 베니토 무솔리니는 같은 해 4월 28일 총살당했다. 우리가 해방을 맞이하기 직전의 사건들이다.

역사의 비극은 그것으로 끝나지 않았다. 러시아는 이미 공산국가가 되어 있었다. 레닌의 주도 아래 공산혁명 정부가 출범했다.

레닌이 신병으로 실권을 행사하지 못하게 되자, 공산당 서기장인 스탈린이 그 뒤를 계승하였다. 스탈린은 레닌의 후계자로 지목받던 트로츠키(Leon Trotskii) 세력을 배제하기 시작했다. 레닌의 지시와 하명을 가장하고 트로츠키 측근들을 축출했다.

위기감을 느낀 트로츠키는 튀르키예로 망명했다. 그러나 안전을 보장받을 수 없어 멕시코로 망명처를 옮기고, 멕시코 정부의 보호를 받기로 했다. 그러나 스탈린 비밀경찰의 마수는 피할 수 없었다. 트로츠키 거처의 외부인 출입은 허락받은 사람에만 제한되었다. 마치 딸처럼 사랑받았던 트로츠키의 비서만이 출퇴근할 수 있었다. 그 비서와 친분을 맺은 남자가 사랑을 가장해 약혼자가 되었다. 비서가 트로츠키에게 약혼자를 소개하겠다며 면담 허락을 받았다. 남자가 출입 검사를 받고 집 안으로 들어가면서 미리 집 안에서 보아두었던, 장작을 패기 위해 놓여 있던 손도끼를 사용해 트로츠키를 살해하고 집을 빠져나갔다.

그렇게 트로츠키는 암살되고 스탈린은 역사에 보기 드문 독재 정권을 휘두르게 된다. 히틀러 못지않은 권력으로 공산정권의 본성을 발휘하기에 이른다. 폴란드에서는 지식인 2만 명을 카틴 숲에서 학살하고도 히틀러 나치의 소행이라고 허위 선전한 일도 있었다. 세월이 지난 후에 스탈린의 행위였음이 입증되었다. 유고슬

라비아의 티토(Josip Tito) 대통령을 방문했을 때는 소련의 혁명 완수까지 500만 명을 희생시켰다고 토로하기도 했다. 그 스탈린이 말년에는 6·25전쟁을 감행하는 죄악을 범했다. 이후 1953년 3월 각종 정치적 모략과 독살설이 난무하는 가운데 독재적 삶에 마침표를 찍었다.

이런 비극적 사회악이 지금도 계속되고 있다. 스탈린의 뒤를 계승하는 러시아의 푸틴은 제2의 한국전쟁과 흡사한 우크라이나 전쟁을 일으켰다. 레닌의 후계자로 자처했던 중국의 마오쩌둥은 수많은 실정을 거듭하며 독재정권을 유지했다. 또 시진핑은 자국 내 홍콩 시민의 자유와 인권을 유린했을 뿐 아니라 대만을 공산국가로 점령하려는 야망을 선언하고 있다. 북한의 김일성은 레닌, 스탈린의 뒤를 따라 한반도의 완전 적화를 시도했다. 지금은 그 독재 폭력이 김씨 왕국으로 굳혀가고 있다. 김정은은 정권 유지를 위해 친형인 김정남을 암살했고, 김정남의 아들은 세계 어디에선가 은신하고 있다. 지금도 기회와 여건만 채워지면 대한민국 적화통일을 의도하고 있다.

처음 이야기로 돌아가자. 이 태평양전쟁 후 열린 국제재판 무대에 일본 도조 총리가 섰을 때다. 그 법정에 전범들과 군국주의 일본의 죄악상을 입증한 두 증인이 있었다. 일본 밖에서 증인으로 채택된 사람은 중국 청나라 황실 마지막 후예인 푸이(溥儀) 황제였다. 그리고 일본 국내에서 증인으로 법정에서 실질적으로 주도한 인물은 야나이하라 다다오(矢內原忠雄)라는 도쿄대학교 정치학 교수였다.

순교를 각오한
기독교 지도자

야나이하라는 무교회 성서주의 기독교 지도자 중 한 사람이다. 반전 평화주의를 신봉하는 크리스천이다. 그 사상 때문에 국립대학교 교수직에서 추방되었다. 경시청의 감시는 물론 극우 세력의 테러 위험에도 노출됐다. 반정부 지도자로 구속수감될지 모르는 상황에서도 그는 자신을 믿고 따르는 제자들과 성서 공부와 연구를 계속하고 있었다. 전쟁 말기에는 순교를 각오하고 제자들에게 다음 일요일에 내가 동석하지 못하면 일본의 장래와 자유를 위해 법정에 서거나 여러분을 다시 보지 못하게 될지 모르겠다는 말을 남겼다.

야나이하라는 다행히 1945년 8월 15일, 일본 천황의 항복과 종전이 선포되면서 절박했던 위기에서 벗어날 수 있었다. 이후 도쿄대학교에 복직되었고, 교수회의에서 추대하는 총장으로 선출되기도 했다. 정치학 외에도 여러 권의 기독교 관련 저서를 남겼다. 나도 그의 책을 통해 기독교 이해의 도움을 받았다. 역사의 암흑기 속에서도 진리의 빛은 사라지지 않는다는 교훈을 받을 수 있었다.

왜 지금 다시
자유민주주의인가

◇

○

자유민주주의! 항상 사용하는 말이면서도 생활화된 관념이거나 정치적 체온을 느끼는 개념은 못 되고 있다. 3·1운동과 임시정부 때부터 쓰였으나 공산주의와 상치되는 정치 이념으로 부각되었을 뿐이다. 대한민국 정부가 건국이념으로 받아들이고 6·25전쟁을 치르면서 자유민주주의 국가의 주역을 담당했던 미국의 직간접적 영향을 수용하면서 자유민주주의 이념이 어떤 것인지 체험했다. 그 방향과 과정을 찾아가고 있는 것이 우리 정치계의 실정이다.

자유민주의 정신적 전통은 서구 사회를 중심으로 르네상스 때부터 움트기 시작했다. 기독교 정신이 남겨준 휴머니즘과 새로 탄생한 예술을 포함한 인문학의 후예로 태어났다. 그 정신을 모체로 두 갈래의 사회적 영역의 대조적 구분을 만든 것이 영국 중심의 경험주의와 유럽 대륙의 관념 지향 사상이다. 두 전통 모두 장단점은 있다. 영국 경험주의가 추구하는 실용적 가치는 정치 경제의 장점을 택했고, 대륙의 관념주의는 정신문화의 우월성을 창출했다. 인문학적 성과는 대륙이 선도한 셈이나, 정치 경제적 발전은 영국이 영도하기 시작했다. 독일에서는 마르크스 공산주의가 등장했으나, 영국에서는 현실에 입각한 공리주의 정신이 열매를 맺었다.

'최대 다수의 최대 행복'
탄생

공리주의는 '최대 다수의 최대 행복'이라는 경험주의 현실의 사회 가치를 발전시켰다. 가장 많은 사람의 가장 큰 행복을 정치적으로 개발한 결과가 의회민주주의라는 세계 정치사의 큰 흐름을 발전시켰다. 처음으로 민주주의의 정치 방향을 제시하였다. 미국 같은 나라가 대통령제를 추가했으나 여전히 민주정치를 위한 방법의 하나일 뿐이다. 경제적 민주 정신은 어떠했나. 국민이 자율적으로

3부 . 선한 개인들이 자유롭고 행복해지기 위하여

생산방법의 개선을 쌓아가면서 경제성장을 주도해야 한다는 이론을 현실화하였다. 그런 공리주의 정신은 국민 생활의 휴머니즘과 인간(국민을 포함한) 목적관과 일치되는 세계사의 바른길이었다.

제2의 유럽이라고 볼 수도 있고, 영국 본점의 지점으로 출발했다고 스스로 인정하는 미국이 그 뒤를 계승하였다. 미국의 정신적 탄생은 200여 년 전이라기보다는 르네상스 시대의 전통을 받아 성장한 것이다. 문화면에서 본다면 영어문화권의 세계화에까지 미치게 되었다.

미국의 정치는 영국과 비교해 큰 차이가 없다. 대통령 중심의 행정부를 강화해 국가 성장을 촉진하는 데 비중을 추가했다고 보면 좋겠다. 그러나 경제면에서는 유럽이나 영국과 다른 독자적 방향과 과정을 밟을 수밖에 없었다. 경제 여건이 판이했기 때문이다. 우리는 흔히 그 초창기의 경제 현상을 자본주의 경제라고 지칭했다. 다른 국가에서는 찾아볼 수 없는 자원의 개발과 소득을 소유하는 체제로 보았기 때문이다. '얼마나 많이 소유하는가'를 경제의 척도로 여기는 상황이었다.

그러나 그런 소유 체제는 국가 체제로 보거나 사회의 공동 발전으로는 한계가 있음을 자본가들 스스로 인정하게 되었다. 자산은 개인의 소유가 아닌 사회의 공유 체제로 변화해야 한다는 발전적 개념을 느끼면서 소유 체제가 공유 체제로 발전하게 되었다. 세계적으로 번지는 사회주의 경제관의 영향은 물론 경제 혜택은 소유가 아닌 공유 체제에서 유지된다는 변화를 수용한 것이다.

역사를 거듭하는 동안에 19세기 후반부터는 공유 체제가 다시 기여 체제로 발전하기 시작했다. 정치는 정책을 통해 사회에 기여하며 교육과 문화는 전문가들이 미국을 위해 봉사하듯이, 기업인들은 경제적 가치와 결실을 창출해 그 혜택을 국민에 기여하는 것이 최선의 방법임을 터득하게 된 것이다.

그 결과는 어떻게 되었는가. 자본주의는 곧 종말에 도달할 것이라고 예언했던 사회주의와 공산주의 경제관을 극복하고 새로운 경제관과 이념으로 정착시켰다. 20세기에서 현재까지 미국만큼 경제성장에 성공한 국가가 없을 정도이다. 무엇이 그 역사적 변화를 가능케 했는가. 좁은 의미의 경제이론이나 정책보다는 경제 휴머니즘의 혜택이다. 경제가치를 소유에서 공유 체제로, 다시 인도주의적 기여 체제로 탈바꿈해 온 것이다. 더 많은 사람이 경제적 가치와 혜택을 향유할 수 있도록 기여 봉사하려는 정신이 지속하는 동안은 자본주의라는 명칭은 바뀌어도 경제의 생명력은 약화하지 않는다는 증거가 되었다.

3부 . 선한 개인들이 자유롭고 행복해지기 위하여

개인과 자유는
한 뿌리의 두 가지

미국의 자유민주 정신을 우리는 뒤늦게 피상적으로 받아들였다. 지금은 후진국과 선진국도 경제적으로는 미국의 정책을 뒤따르고 있다. 무엇이 그 원동력이 되었는가. 미국인은 자유라는 개념을 많이 쓰지 않는다. 개인과 자유는 같은 뿌리에서 자란 두 개념이 되었기 때문이다. 민주주의 속에 자유가 잠재해 있고 자유는 더 많은 사람을 위한 필수 관념으로 자리 잡았기 때문이다. 현실은 여러 모습으로 나타나지만 현재까지의 미국은 그 정신을 견지하려고 노력한다.

그런 정치 경제적 성장을 가능케 한 사상이 실용주의 철학이다. 공리주의에서 태어난 방법론인 셈이다. 더 많은 국민이 행복과 인간다운 삶을 찾아 누리기 위해 실용적 가치를 추구하는 정신이다. 그 핵심 중 하나가 공산주의와 같은 투쟁이 아니다. 대륙 국가들이 택하는 토론도 아닌, 대화를 통해 더 많은 사람의 행복을 찾아 협력하고 실천하자는 방법이다. 그 성공을 위해 교육제도와 내용을 개혁했다.

한때 우리는 그 방법을 새 교육이라고 수용했다. 정치사회의 다수와 미래를 위한 객관적 가치의 추구인 것이다. 지금 정치계에서 중도 노선이라든지 실용주의 노선을 주장하는 길이 그 방향과 방법이다. 모든 선입관념이나 고정 이념을 버리고 미래의 국민 다수를 위한 정치 경제의 길을 꾸준히 개척해 나가는 정신이다. 그 주체는 창조적 자유이고 근거와 목표는 휴머니즘(인간애)의 정신이다. 지금 우리가 선택 추진시키고 있는 자유민주 정신이다.

3부 . 선한 개인들이 자유롭고 행복해지기 위하여

✦

정치인들의
저급 발언,
우리에게 과연
지도층은 있나

◇

○

최근의 일이다. 내 제자인 고려대학교 정치학과 한배호 교수가 했던 이야기가 생각났다. 20세기 초반에 미국은 그 짧은 기간에 어떻게 국가와 정신의 놀라운 발전을 성취했을까. 제2차 세계대전을 전후해 유럽에서 많은 인재가 망명 또는 이주해 온 것이 원인이라는 설명이었다. 독일 나치 정권의 탄압을 피해 망명해 온 정신계의 지도자들, 소련의 공산정권을 수용할 수 없어 미국으로 국적을 옮긴 사람이 많았다는 것이다. 나도 공감할 수 있었다. 1960년대 초반에 미국에 갔을 때도 그랬다.

미국을 일으킨
유럽의 석학들

미국을 대표하는 대학들은 유럽의 교수들을 받아들였고, 과학계, 종교계의 지도자들도 다수 이주해 왔다. 시카고대학교 M. 엘리아데 교수를 따라 유럽에서 유학 온 대학원생도 있었다. 하버드대학교 P. 틸리히 교수도 내가 직접 수강한 석학이다. 또 프린스턴대학교에는 아인슈타인이 있었다. 그들이 미국의 지성인과 협력해 키워준 것이 현재의 미국이다.

나는 규모는 작고 성격은 차이 있을지 모르나 한국도 마찬가지라고 생각했다. 해방과 더불어 북한이 공산 치하가 되면서 북한의 지성인과 지도층 인사가 대부분 탈출 남하했다. 종교계 지도자들, 기업인과 부유층 사람들, 자유를 지키려는 교육자, 반공 세력 인사로 낙인찍힌 사람들 모두 남하했다. 6·25전쟁을 치르면서 더 많은 탈북자가 대한민국의 품 안으로 피신해 왔다. 대한민국은 그들을 환대했다. 그들과 힘을 합쳐 대한민국의 번영을 이끌었다.

그와 반대로 사회주의 정권을 지지해 북으로 갔던 좌파 지식인 대부분은 북에서 버림을 받았거나 정치적 주권을 행사하지 못했다. 나와 같은 세대 사람들은 그런 현상을 수없이 체험했고, 또 보아왔다. 현재 그 결과는 어떻게 되었는가. 남북 간의 격차가 여실히 보여준다. 창조적 지성인의 역할이 역사를 이끌어왔다는 증거다.

지금은 상황이 달라졌다. 나라마다 인재 양성에 열을 올리고 있다. 후진국일수록 더욱 그렇다. 한때 인도의 중산층 이상 자제들은 영국으로 유학을 갔다. 내가 20대 초반에 일본에 가서 알게 된 사실이다.

그 당시 우리는 미국 선교사의 도움으로 손에 꼽을 만큼 적은 사람이 미국 유학을 갔는데, 일본의 많은 젊은이는 유럽과 미국 대학에서 공부하고 있었다. 중국도 인재 육성을 위해 국가 차원에서 미국을 비롯한 서구에 많은 학생을 보냈다.

유럽이 미국을
추월하지 못하는 까닭

최근에는 국내 대학을 세계적인 수준까지 끌어올리고 글로벌 대학 경쟁에서 앞서려는 작업이 한창이다. 세계 100대 대학, 국내 대학의 순위를 선정하여 발표하는 것도 같은 목적에서다. 일본은 이미 성공한 편이다. 중국도 국가적인 노력을 쏟고 있다. 반면 우리는 어떤가. 노무현 정부 때 교육 자문을 맡았던 한 원로 교수의 세미나에 참석했다가 실망한 적이 있다. "중고교 평준화는 성공한 셈이다. 남은 과제는 국립대 평준화이고 사립대 평준화까지 성취해야 한다"라는 논리였다. 교육계의 후진성이 경제나 정치보다 심각해 보였다.

그런 교육정책을 가진 일부 좌파 계열이 교육계에 아직 남아 있다. 여건이 된다면 그 방향을 유지해야 한다는 주장이다. 경제 문제를 국내에서 충분히 해결할 수 있다는 '소주성' 정책과 병행하는 가치관이다. 후배 교수들로부터 자주 듣는 얘기가 있다. "150년 전에만 해도 미국 문화가 유럽 정신계를 따라갈 수 없다고 인정했는데, 지금은 100년이 걸려도 영국, 독일, 프랑스가 미국을 넘어서지 못할 것 같다"라고 했다. 유럽 국가들이 대학 경쟁에서 미국에 뒤졌다는 사실을 보고 느낀 것이다. 지금 우리 대학 정책은 어떻게 되고 있으며 대학들은 어떤 목표를 가졌는지 묻지 않을 수 없다. 대학 경쟁에서 뒤지는 나라는 국가적 후진성을 극복하지 못한다.

그러나 이 못지않게 소중한 과제가 있다. 한 사회가 선진국이 되기 위해서는 충분한 인적 체제를 갖춰야 한다. 인구 비례에 걸맞은 지도층이 있어야 하고, 국민의 60퍼센트 정도는 중산층 내지 정신적 중견층이라는 의식을 가져야 한다. 그런데 우리 사회에는 내가 지도층에 진입하거나 그 자격을 갖는다고 스스로 인정하는 지도층이 아직 형성되지 못했다. 미국 사회에서는 사회적으로 인정받는 교수, 의사, 판검사와 변호사, 군의 대령급 이상, 고위직 공무원 등이 지도급에 속하며 또 될 수 있다고 자타가 인정한다.

지도자의 자질과 인격을
갖추었는가

세계적으로 군 출신이 국민의 편견 없이 대통령이 되는 나라는 미국이다. 대령이 되려면 반드시 거쳐야 하는 국방대학원 과정에는 군사 문제보다 사회윤리와 민주주의, 지도자의 자질 등이 중요 부분을 차지한다. 또 내가 지도자 계층에 속한다고 스스로 인정한다. 법적 규정보다 선진국의 윤리관과 질서 의식을 갖추고 있기 때문이다.

하지만 우리는 지도자적 직책을 맡고 있으면서도 지도층의 정신과 가치관, 사회적 자질과 의무는 생각지 않는다. 정부 차관이 낮에 음주 운전을 하고 기사를 폭행했다면 법보다도 질서 범죄로 사회가 용납할 수 없다. 공직자들이 거짓과 허위에 죄책감 없이 동참한다. 원전 사태와 4대강 보 철거 문제에서 드러난 현상을 보면 장관이나 국영기업체 책임자까지도 지도자의 품격을 염두에 두지 않고 있다. 정치지도자들의 수준 이하의 발언이나 정책과 무관한 저급 발언에 접할 때는 상식도 갖추지 못하고 질서 의식도 부족한 처사의 주인공 같아 보인다.

지도자 의식과 품격을 갖추지 못한 사람은 일류대를 나온 것과 상관이 없다. 국가고시가 그것을 보장하는 것도 아니다. 스스로 지도자의 자질과 인격을 갖추었다고 믿을 수 있는 지도층이 시급한 시대에 살고 있다. 지도자다운 인격과 자질, 유능성을 겸비하는 지도층 형성이 아쉬운 현실이다.

도산이 건네는 새해 덕담
"죽더라도 거짓말은 하지 말자"

해가 바뀔 때마다 "어떤 덕담(德談)이라도"라는 부탁을 받는다. 선배 함석헌 선생은 "욕을 해도 깨닫지 못하면서 무슨 덕담이 필요해"라고 꾸짖기도 했다. 주로 정치인에게 던지는 충언이었다. 나같은 사람은 나이만 들었지 그렇게 말할 자격도 없다. 그래도 "덕담이니까"라면 거절하기 힘들다.

그래서 새해를 맞을 때마다 들려오는 "송구영신(送舊迎新) 마음을 함께하자"라는 뜻을 전한다. 옛것을 뒤로하고 새로움을 맞아들이자는 교훈이다. 덕담이지만 따져보면 '버릴 것을 버리지 못하고 새로운 것을 찾아 누리지 못하면 희망과 행복은 불가능하다'라는 경고이다. 지금 우리에게 버려야 할 것은 무엇이고, 또 무엇을 찾아야 하는가.

미국에 나란히 놓인
도산과 간디 동상

여론조사기관에서 전화가 오는 때가 있다. "연세가 어떻게 되는가?"를 묻는다. 103세라고 대답할 수밖에. 그러면 바로 끊어버린다. 만일 여론조사에서 우리가 버려야 할 것과 택해야 할 '제1호'가 무엇인가 하고 묻는다면 서슴지 않고 '거짓과 진실'이라고 대답하겠다.

그 이유는 여러 가지다. 어려서 인도의 간디에게서 '정직'을 배웠고, 철들면서 도산 안창호에게서 '거짓을 버려야 한다'라고 배웠기 때문이다.

간디와 도산의 애국심에서 우러나오는 호소였다. 미국 LA 부근 리버사이드에 가면 시청공원 한가운데 도산의 동상이 있고 그 뒤에 간디의 동상이 있다. 미국 백인 사회에 왜 한국과 인도 사람의 동상이 있을까. 두 지도자는 평생을 '진실이 남고 거짓은 사라진다'라는 진리를 믿고 살았다.

긴 세월이 지난 지금도 나는 정직과 진실이 우리 국민의 최대 과제라고 믿는다. 해방을 맞고 2년 동안 공산 치하 북한에 머물면서 가장 심각했던 사회 퇴락은 진실과 정직의 실종이었다. 진실은 버림받았고, 옳고 그름을 가리는 정의까지 소멸하는 것을 보았다. 다음 차례인 자유와 인간애까지 사라지게 되면 그 국가와 사회는 희망은 물론 생명력까지 상실하게 된다. 히틀러의 나치 독일이 그랬고, 스탈린의 공산정권에서 물려받은 것이 바로 그 역사적 유훈이었다.

최근 우리 사회 상황도 비슷해지고 있다. 거짓과 불신에서 오는 국민 분열이 점점 더 심해지고 있다. "죽더라도 거짓말은 하지 말자"라는 도산의 탄식이 곳곳에서 들려오고 있다. 심지어 진실을 은폐하거나 거짓을 진실로 위장한다. 지도자 중에서도 허위와 거짓을 진실로 조작하는 일을 삼가지 않는다. 문재인 정부 5년 동안 더 심각해졌다.

그 주동자들은 정권을 목적 삼는 정치인들이다. 지금도 그렇다. MBC의 '광우병 파동'으로 끝나지 않았다. 운동권 출신 정치인이 등단하면서 '수단과 방법만 잘 구사하면 승리할 수 있고, 그 승리가 곧 정의가 된다'라는 개념이 상식이 되었다.

나와 우리의 거짓은 숨기고 상대방의 정직과 진실은 불의라고 투쟁한다. 거짓을 버리고 정직과 진실을 찾아 누리지 못한다면 우리에게는 희망이 없다.

왜 그런가. 거짓은 악(惡) 중의 악이지만 진실은 선(善)의 출발이며 사회질서와 가치의 분기점이기 때문이다. 사회문제 해결을 위해서는 엄연한 규범이 있다. 주어진 사실과 사건에서 진실을 찾고, 그 진실에 따라 가치판단을 내리라는 정론(定論)이다. 진실이 아닌 사실과 사건을 갖고 법적 논쟁과 윤리적 판단은 내릴 수 없다. 그 가치판단의 기준은 무엇인가. 악을 배제하고 선을 택하는 일이다. 그것이 윤리와 도덕의 기본이다. 진실의 생활 가치가 선이고, 거짓의 열매는 악의 씨앗이 된다.

선이란 무엇인가. 사회 공익성을 위하는 삶이다. 많은 사람에게 도움이 되는 실효 가치다. 악은 우리의 행복과 인간다운 삶을 훼손시키는 행위다. 자유도 있어야 하고 평등도 귀하다. 그러나 인간과 사회의 공익성에 위배되는 자유와 평등은 역기능의 주범이 된다. 소수인의 자유가 전체 국민의 불행을 초래해서는 안 되며 평등을 강요하는 정의는 인간성까지 병들게 한다. 이런 사회 기능과 질서를 모르거나 무시하는 정치인들이 인간의 행복을 찬탈했고 인류의 희망을 소멸시키고 있다.

진보와 보수 모두
이념의 노예 상태

지금 우리 사회의 정치 경제적 현실이 그 갈림길에 서 있다. 악의 방향과 방법을 계속하고 있다. 진보로 자부하면서 폐쇄적 이념에 붙잡혀 있는 정치인들, 고정관념의 노예가 되어 열린 미래로 가지 못하는 보수주의자들이다.

이런 악을 버리고 선으로 가는 선별 기준은 무엇인가. 양심과 인격의 가치다. 선과 악은 개인의 인격과 양심 그리고 사회적 공익성에서 결정된다. 더 많은 사람의 인간다운 삶과 행복을 위해서다.

철학자 칸트는 "모든 사람이 그렇게 해도 되는 행위를 너도 따르라"라는 정론을 내렸다. 그것을 더 높은 차원에서 쉽게 가르쳐준 것이 "네 이웃을 너 자신과 같이 사랑하라"라는 종교적 교훈이다. 인간애의 구현이다. 사랑은 공존의 가치와 질서이며 인간 완성의 희망과 이상이다.

우리가 믿고 따를 수 있는 최선의 길은 거짓과 악을 버리고 진실과 선을 위하는 삶이다. 인간 사랑이 역사의 유일한 희망이기 때문이다. 핵전쟁을 감행하면 인류는 파멸한다는 사실은 인정하면서 인간애의 절대 가치는 믿지 못하는 것이 현대인의 잘못된 선택이다.

자본주의의 끝없는 진화,
경제의 목표는 휴머니즘 고양

옛날 일이다. 강연을 끝내고 학생들의 질문 시간이 되었다. 한 학생이 "누가 무엇이라고 말하든지, 빈부의 격차가 없는 세상이 되어야 하지 않습니까"라고 물었다. 내 대답은 이랬다.

"빈부 격차를 줄이기 위해 사회의 더 소중한 과제를 소홀히 하면 큰 불행이 찾아올 수 있다. 경제가 인간 생활의 전부도 아니고 궁극적인 목적이 아니기 때문이다. 쉬운 예가 생각난다. 나는 교수이고 가난하다. 내가 바람이 불고 먼지가 휘날리는 거리를 걷고 있는데, 내 동창이 자가용을 타고 지나가다가 옆에 와 서면서 '내 차를 타라'라고 권했다. 옆자리에 앉았던 내가 '세상이 공평하지 못하다. 학교에 다닐 때는 내가 너보다 공부도 잘하고 모범생이었는데 너는 자가용을 타고 나는 걸으라는 법이 어디 있느냐'라고 물었다. 친구의 대답은 뜻밖이었다. '그러면 내 차와 너의 학문, 사상과 바꾸자. 나는 네가 존경스럽고 부러웠다.' 내가 '야! 그런 철없는 소리 하지 마라. 네 재산을 다 준대도 내 학문과는 바꿀 수 없지'라고 했다."

누구의 판단이 옳았는가.

소련 흐루쇼프 서기장의
착각

그렇다면 가장 소망스러운 사회는 어떤 편인가. 경제적으로 소외되지 않고 기본소득이 보장될 수 있으면, 그 후에는 모든 사람 각자가 원하며 가치 있다고 생각하는 삶을 찾아 행복한 생활을 즐기면 된다. 인생은 다양한 가치를 지니고 있으며 그 가치 구현에서 조화롭고 보람 있는 삶을 완성하면 된다.

이탈리아를 여행하면 생각 못 했던 사실을 알게 되었다. 미켈란젤로의 조각과 시스티나성당 벽화를 보려고 찾아오는 관광객들로 얻는 수입이 해마다 5억 달러는 된다고 한다. 이탈리아의 어떤 기업가도 그런 경제적 혜택을 남겨줄 수는 없을 것이다. 경제의 기초는 의식주의 해결로 그칠 수 있으나 그 후에는 학문, 예술 등 정신적 가치와 문화적 혜택이 목적이 된다.

그런데 내가 대학에 있을 때 운동권 출신들이 문재인 정부에서 예전에 내게 질문한 학생의 경제관에서 탈피하지 못한 과제를 붙들고 권력으로 국민경제를 이끌려고 했다. 결과는 어떻게 되었는가. 기초적인 인문학적 소양만 갖추고 있었어도 해결하였을 문제들이다.

그때와 비슷한 1961년 겨울이었다. 뉴욕에 갔다가 경제학을 전공하는 후배를 만났다. 내가 물었다. "처음 미국에 와서 한 학기를 보냈는데 이해하기 어려운 문제가 있다. 여기 아메리카라는 큰 수박이 있는데 정치에서는 의회민주주의가 최선의 길임을 인정하겠는데, 경제는 자본주의보다 사회주의 정책이 좋을 것 같다. 최근에는 사회주의자까지도 자본주의는 곧 끝날 것이고 공산주의가 사회경제의 최상의 길이라고 주장할 정도가 되었는데"라고 했다.

그 교수의 대답을 잊을 수 없다.

"얼마 전 흐루쇼프 소련 공산당 서기장이 미국을 다녀갔다. 유엔에서 연설을 끝내고 뉴욕 거리를 지나다가 록펠러센터 앞에서

'한두 개인이 이렇게 엄청난 재산을 소유하게 되면 얼마나 많은 사람이 그 밑에서 희생당하지 않았겠는가'라고 했다. 다음 날《뉴욕 타임스》의 기자가 반박했다. '흐루쇼프 서기장은 록펠러센터 같은 시설이 개인의 소유라고 착각하는데 미국에서 그렇게 생각하는 사람은 없다. 법적인 대표는 개인이지만 소유주는 그 회사나 기관의 주주(株主)들이다. 예를 들면 체이스맨해튼은행도 록펠러가 주인이라고 생각한다. 록펠러는 주식 5퍼센트까지만 소유하도록 법적으로 제한되어 있다. 나머지 95퍼센트는 누구나 원하는 사람이 갖는다. 그 5퍼센트 수입에서도 세금이 있고. 록펠러가 갖는 것은 경영과 운영권이고 그 이윤으로 어떻게 사회에 도움을 주는가 하는 기여권이 더 중요하다. 그러니까 정치가는 정치를 통해, 학자는 학문을 통해 사회에 이바지하듯이 기업인은 기업을 통해 사회에 기여하는 것이 아메리카의 경제관이다.'"

미국에서는 지난 200여 년 동안에 그 변천 과정이 불가피했다. 소유가 목적이라고 생각한 첫 단계가 자본주의였으나 그 단계는 끝난 지 오래다.

사회가 자본을 공유하는 단계로 바뀌었고, 지금은 기업을 통해 사회에 봉사하는 기여 체제로 승화했다. 그런 경제체제의 변화 덕분에 미국 사람들은 흐루쇼프 서기장의 공산주의 경제 제도를

100년 이상 뒤떨어진 경제관으로 본다.

세계사적 안목이
필요하다

무엇이 그 뒷받침을 했는가. 경제의 민주화 방법을 법제화시킨 것이다. 그 법치를 뒷받침한 정신은 기독교를 모체로 한 박애 정신, 즉 휴머니즘이다. 인간애 정신이다. 그렇게 200년이 지난 지금은 자본주의라는 개념은 사라진 지 오래고 열린 사회를 위한 다원주의, 다양한 가치가 공존하는 아메리카 정신을 탄생시킨 것이다.

더 많은 생활 가치를 창출해 사회를 풍요롭게 함으로써 정신문화와 인간적 가치를 육성하는 데 이바지하는 것이 오늘의 경제관이다. 자본주의가 끝난 것이 아니고, 그 인도주의적 정책이 세계적 경제정책으로 확장된 것이 지금의 시장경제의 원동력이면서 희망을 안겨주었다. 앞으로도 1세기 동안은 그 역사적 지표가 계속될 것이다.

그런데 지금 더불어민주당의 주장과 행태를 보면 역사적 후퇴일 뿐 아니라 지난 5년간의 경제 파국을 연장하려 한다. 부자의 재산을 빼앗아 가난한 서민들에게 주어야 하는데 법인세 감면은 용납할 수 없다는 정책을 강요한다. 그 결과는 중국과 같아졌다가 북한 경제로 퇴락할 가능성까지 예상케 한다. 경제는 역사적 고찰과 사유가 없으면 단편적 이념에 빠지게 된다. 세계사적 안목과 인류의 공동 가치를 찾아야 한다.

우리 정치에
미래와 희망이 있는가

◇

○

한때 행동과학 계통 사람들의 주장이 많은 영향을 남겼다. 사람은
주어진 운명을 바꿀 수 있는가. 옛날 그리스 비극 작가들은 밖으로
부터의 운명은 바꿀 수 없다고 했다. 반면 셰익스피어 비극에서는
운명은 인간적 한계 안에서 바꿀 수 있는 것으로 나타난다. 성격이
곧 운명일 수 있기 때문이다. 성격을 바꾸면 운명도 변한다는 것
이다.

타고난 성격을 어떻게 바꾸는가. 습관을 바꾸면 자신도 모르는 동
안에 성격이 달라진다. 습관은 행동을 계속해 바꾸면 달라질 수 있
다. 행동을 바꾸는 일은 누구나 가능하다. 생각을 바꾸면 되기 때

문이다. 그렇다면 결론은 간단하다. 성격은 누구나 바꿀 수 있고 또 바꾸게 되어 있다는 것이다.

종교 교리주의와
정치 교조주의

문제는 생각을 바꾸지 못하는 사람들이 많다는 점이다. 종교적 신앙을 교리주의로 받아들이면 신앙을 바꾸어서는 안 된다고 생각한다. 도덕적 가치를 교조주의로 절대화하는 사람은 그 가치관 때문에 생각을 바꾸기가 힘들어진다. 공산주의자들은 유물사관을 절대 가치로 삼기 때문에 좀처럼 정치의 방향과 방법을 바꾸지 못한다.

우리 민족도 어떤 면에서는 그런 인습에 젖어 있는 것 같다. 사람들은 흑백논리와 파벌 의식 때문이라고 말한다. 해방 직후 분단때문에 정치적으로 만든 사고방식도 그렇다. 북에서는 대한민국 정부가 이승만과 친일파가 합작한 정권이기 때문에 수용할 수 없고, 순수 우리 민족에 의한 정권이 민족 전통을 계승하는 정부라고 주장해 왔다.

이런 습성과 정치의식이 합쳐져 마치 개인과 가문이 원수를 갚아야 하듯이 국가 간의 적대세력을 타파하고 극복하는 것이 국가적 의무라고 착각한다. 원수를 갚지 못하면 개인과 가문의 도리가 아니듯이 적대세력을 완전히 극복하지 못하면 국가 간 협력과 공동 가치 추구는 불가능하다는 사고방식이다.

지금 우리도 그런 상황에 직면해 있다. 해방 후부터 한일 관계는 시련을 거듭해 왔다. 문재인 정부가 되면서 항일은 애국이고 친일은 반국가적 행위라는 해방 이전까지의 선입견 때문에 막대한 국가적 손실을 보았다. 젊은 세대와 자유세계를 위한 희망도 훼손되었다. 박정희 정권 때는 국가 간의 보상 문제가 있었고, 김대중 정부에서는 평화적 화해와 양국의 협력을 협약하기도 했다. 물론 모든 문제가 다 해결된 것은 아니지만 세계사의 흐름과 함께 아시아의 희망을 되찾기 원했다.

위안부 문제가 지금까지도 끝나지 못했는데 문 정부 때 제기된 미쓰비시 회사와의 강제징용 문제가 다시 미해결 과제로 남게 되었다. 문 정부의 정치관에 따른다면 해결될 길이 열리지 못한다. 원수를 다 갚지 못하면 미래로 나아갈 수 없다는 사고방식이다. 그런 방향으로 국민까지 유도해 가는 방법을 택했다. 그 점에서는 일본 아베 정권도 마찬가지였다. 보상은 이미 끝났기 때문에 일본에는 자기네 선택이 있을 뿐이라고 맞섰다.

두 잘못된 지도자 때문에 두 나라 국민의 고통과 피해가 얼마나 컸는가. 그대로 계속된다면 그 후유증과 불행의 결과를 누가 어떻게 해결할 수 있겠는가. 역사는 언제나 미래를 위한 현재의 선택을 원하며 양국 간의 문제는 세계의 평화와 인류의 자유를 위해 존재한다는 사실을 망각하거나 배제해서는 안 된다.

위안부 문제는 인권의 문제다. 인권의 문제는 경제적 보상 여하가 아니다. 중요한 것은 역사적 진실을 세계와 인류에게 알리는 일이다. 일본이 어떤 태도를 취하는가는 그 국민의 도덕적 수준에 속한다. 진실을 알린다는 것은 역사적 죄악이 무엇이며 다시는 그런 범죄를 저질러서는 안 된다는 의무와 호소이다. 대한민국은 그런 범악을 저지르게 해서도 안 되며 그런 가능성을 만들어서도 안 된다는 자기반성의 책임자다. 진실을 알린다는 의무는 여전히 남아 있다. 위안부 문제를 둘러싸고 진행되어 온 국내 문제는 더 언급할 필요가 없을 것 같다.

미쓰비시 회사의 강제징용 문제가 과거 양국 관계에서 어떻게 처리되었는지 국민은 잘 모른다. 이런 문제는 한 회사와의 문제이기 이전에 국가 간의 문제다. 나와 내 친구들은 학도병으로 전선에 끌려갔고 많은 젊은이가 목숨을 잃었다. 그 문제는 왜 다루지 않는가. 비슷한 사건은 수없이 많았다. 어떤 정권이라도 국내 문제를 위해 80년 전의 사건을 문제 삼았다는 오해를 받아서는 안 된다.

민주주의는 평화와 미래를
얘기해야 한다

아베 정부는 기다리기라도 했다는 듯이 수출규제로 보복했다. 우리는 경제적으로 막중한 피해를 감수할 수밖에 없었다. 두 나라 정상이 역사와 세계정세의 미래를 어떻게 보았는지 이해하기 어렵다. 젊은 세대의 장래와 아시아와 세계 역사의 희망을 어둡게 만들고 있다. 21세기의 지도자답지 못했다.

과거를 미래로까지 연장하려는 정치를 반성하고 극복해야 한다. 민주주의는 미래를 위하는 정치이고 자유의 가치는 평화와 인간의 가치 창출을 위한 소중한 의무이다. 과거를 지키기 위해 미래를 포기하며 큰 결실을 위해 작은 것을 버리지 못하는 민족과 국가에는 희망이 없다.

지금 우리 정당과 정치인들의 자세를 보면 국내 문제까지 과거의 원한에 붙잡혀 새로운 희망을 찾지 못하고 있다. 구태를 벗어나지 못하고 있다. 젊은 세대에게 무엇을 보여주고 있는가. 오늘의 분열과 싸움이 그대로 계승되거나 연장되는 대한민국을 만들어서는 안 된다. 더불어민주당에는 미래가 없고, 국민의힘은 새로 태어날 희망이 보이지 않는다. 집안싸움도 해결하지 못하는 정치계가 국제 문제를 이끌어갈 수 있을까 걱정이다.

3부 . 선한 개인들이 자유롭고 행복해지기 위하여

절대
'꼰대 할아버지'가
되고 싶지 않았다

◇

○

'꼰대'라는 말을 처음 들은 것은 예전에 나이 든 청중을 대상으로 강연하면서 E군의 조부 얘기를 소개했을 때였다. 강연 내용을 요약하면 이렇다.

E군은 대학을 마치고 군에 입대하면서 사랑하는 여자 친구와 약속했다. 자기가 군에서 제대하고 여자 친구도 대학을 졸업하면 양가 부모의 허락을 받고 결혼하기로 했다. 그 뜻이 이루어져 두 젊은이는 인생의 아름답고 행복한 꿈을 간직하게 되었다.

남은 문제는 E군 할아버지의 허락이었다. 할아버지는 E군이 장손이고 서른을 바라보는 나이여서 두 가지 문제만 없으면 결혼하라고 했다. 우선 사주가 좋아야 하고, 또 가문을 위해서라도 상대 방이 천민 직업이 아니었으면 좋겠다는 조건이었다.

다행히 사주는 좋았다. 그런데 문제가 생겼다. 상대방 집안도 명문가인데 양가 선조들이 한양에 살았을 때 서로 원수 집안이었다. 할아버지는 단호히 거절했다. 그놈의 집안과는 혼인을 맺을 수 없다고 E군 증조할아버지가 유언까지 남겼다는 것이다. 그런 사태에 직면한 E군 부친은 고민에 빠졌다. 생각 끝에 E군 여자 친구의 아버지를 찾아가 양해를 얻었다. 할아버지 연세가 높으시니까 아들딸의 장래를 위해 좀 기다리기로 하자는 합의였다.

극단적 이념대립의
부작용

이런 얘기를 끝냈는데 내 강연을 들은 몇 사람이 그런 꼰대 할아버지가 아직도 있을까 하면서 웃음 반, 걱정 반이었다. 나는 속으로 가정을 위해서는 물론 사회적으로도 '꼰대 기성세대'가 사라져야겠다고 생각했다.

그다음부터 한동안은 '꼰대'라는 사전에도 없는 말이 유행했다.

3부. 선한 개인들이 자유롭고 행복해지기 위하여

꼰대 상사를 모시고 일하는 부하들, 생각과 사고방식에 융통성 없는 지도자들, 뜻밖에도 꼰대가 없는 사회를 책임져야 할 일부 종교계 지도자들까지도 정신적 꼰대를 면치 못하는 사례가 떠올랐다. 종교 국가라고 볼 수 있는 인도나 중동 지역에 가면 그런 현상을 어렵지 않게 발견할 수 있다. 정치적 꼰대도 줄어들지 않고 있다. 극단적인 보수 진영이나 좌파 정치인 대부분이 그렇다. 잘못된 신앙을 가진 사람들과 극렬한 정치 이념에 빠진 사람들은 그 꼰대 정신을 정치적 수단이나 상품화하기도 한다.

지금 벌어지고 있는 한일 관계도 그렇다. 두 민족이 불행했던 과거의 원한과 적개심을 다 해결하지도 못했는데 어떻게 우호 관계나 친일 외교를 할 수 있느냐고 국민을 선동한다. 개인 간에서도 원수는 끝까지 갚아야 하고, 은혜를 잊어서는 안 된다고, 편 가르기를 하는 사고방식을 극복하지 못하면 국가의 미래와 젊은 세대의 장래를 누가 책임지겠는가.

나같이 일제강점기를 산 사람은 '꼰대 관념'을 벗어나기 힘들어도 해방 이후에 태어난 세대부터는 국민 장래를 위해서라도 생각을 바꾸어야 한다. 제2차 세계대전 이전 세대도 아니고, 공산주의 사회라면 몰라도 21세기 열린 세계를 지향하는 세계사의 희망을 위해서라도 반(反)사회, 반(反)역사적인 꼰대 정신은 극복해야 한다. 나 같은 사람이 일본의 아베 정권과 우리 문재인 정부 때를 연장해서는 안 된다고 보는 이유이다.

열린 세계를
지향하는 21세기

그런데 예상 못 했던 현상이 나타나고 있다. 꼰대라는 말은 줄어들고 있는데 새로운 꼰대 세대가 늘어나고 있다는 현실이다. 한때는 '노무현을 사랑하는 모임'인 '노사모'가 생겼고, '박사모'가 박근혜를 지지하기도 했다. 좋은 일은 아니나 이해할 수는 있었다.

그런데 '문빠'가 등장하고 '개딸'이 활기를 띠기 시작했다. 새로운 '젊은 꼰대'가 사회의 혼란과 폐습이 되지 않을까 걱정스럽다. 국민 다수가 '내로남불'이 되니까 무감각한 사회병이 되었는데, 지금은 꼰대 정신이 더 넓게 번지는 것 같다. 공산 사회에서 흔히 보던 현상이고 독재정권이 조작해 정치 수단으로 삼았던 나라병을 걱정할 처지가 되었다.

'꼰대 할아버지'는 자연히 사라지겠지만 꼰대 정치세력은 앞으로도 살아남을지 모르겠다. 우리가 걱정하는 젊은 세대 꼰대들은 관념의 한계를 넘어 행동화하기 때문에 더 위험하다. 꼰대가 깡패 행태까지 겸하게 되면 사회적 불안과 혼란을 조성한다. 정치지도 자들까지 그런 꼰대 정신, 폭력 의지를 수용하면 국가적 위험으로 번질 수 있다. 히틀러가 그랬고 마오쩌둥도 같은 길을 따르지 않았 는가.

폐쇄적 사회는
오래가지 못해

우리가 지향하는 21세기는 두 가지 주어진 목표가 있다. 자유를 각 자가 누리면서도 윤리적 가치가 유지되는 사회, 인간적 가치가 인 간애의 정신으로 공존이 존중시되는 세계 역사의 길이다. 고정관 념이나 집단적·이기적 절대 가치를 용납해서는 안 된다. 꼰대 정신 이 지배하는 국가와 사회는 그 폐쇄적 사고와 가치관 때문에 스스 로 종말을 자초한다는 것이 역사의 교훈이다.

애국심이란 다른 것이 아니다. 선한 가치와 질서를 창조 육성 하며, 휴머니즘을 존중하는 사회를 건설하는 책임이다. 보편적 가 치를 역행하는 노동운동, 역사적 진실을 왜곡시키는 정치적 목적

의식, 인간의 가치와 생명력을 훼손하는 허위와 위선 모두가 꼰대 정신과 연결되고 있다. 대한민국의 장래를 어둡게 만드는 죄악을 범해서는 안 된다. 진실과 자유, 인간애는 자유민주주의 정신의 근원이다.

꽉 막힌 한국 정치,
실용주의로 넘어서자

◇

○

모든 선진국은 냉전 시대의 유산인 좌우의 정치적 갈등을 극복했다. 진보와 보수로 탈바꿈하면서 공존 발전하는 계기가 되었다. 우리도 그런 국가 중 하나였다. 그러나 문재인 정부가 친북과 친중 정치를 택하면서, 진보는 열린 사회에 역행해 진보의 본령을 버리고 폐쇄적인 좌파로 퇴락했다. 보수는 미래지향적인 다원 사회를 외면하고 닫힌 극우로 변했다. 그 결과 오늘과 같은 후진국의 고충을 재연하고 있다.

그런 문제를 해결하려는 정치인이 기대하는 이념적 방향으로서의 중도는 불가능하나, 실용주의 방향과 방법은 많은 민주국가

김형석, 백 년의 지혜

가 지향하고 있다. 시진핑 이전의 공산주의 중국까지도 경제적으로는 실용주의 노선을 택했다. 쥐를 잡는 고양이가 되어야 한다는 정책이다.

의회민주주의와
대통령제 병존

실용주의(Pragmatism)는 어떤 철학인가. 관념주의 철학을 존중하는 독일과 유럽 대륙의 정치, 경제, 철학과 상치되는 앵글로·색슨 경험주의 철학의 유산이다. 사회적 현실에서 소망스러운 목표를 창출 발전하고 그 이상을 현실화하는 방법이다. 마르크스 공산주의 사상과 정반대되는 사상이다. 정치 경제 외의 정신문화 영역에서는 독일적인 관념주의가 우월할 수 있으나 정치 경제 같은 역사 사회적 문제 해결을 위해서는 영국을 비롯한 현실적 실용가치가 지난 200여 년을 이끌어온 것이 사실이다.

　문예부흥 이후 서구 사회의 가장 중요한 문제는 사회과학 분야였다. 도시화 급증, 경제적 생산소비의 급진 현상이 최대 과제가 되었다. 산업혁명이 그것이다. 그때 경험주의 전통을 계승한 영국이 직면한 가장 중요한 사회적 과제는 '어떻게 가장 많은 사람이 가장 큰 행복을 찾아 누릴 수 있는가?'였다. 휴머니즘을 계승한 윤리관에서 유래한 사상이다. 우리는 그 철학을 공리주의(Utilitarianism)로 번역해 왔다. '최대 다수의 최대 행복'의 과제였다. 영국은 그 철학을 창안하고 현실화하였다. 정치에서는 '의회민주주의' 이상이 없으므로 '민주주의' 정치 기반을 정착시켰다. 지금은 그 민주주의를 반대하는 이데올로기는 없다. 경제의 공리성에도 유일한 방법은 불가능하나, 복지정책의 기본 정신은 모두가 수용하고 있다.

이런 공리주의 철학을 이어받은 미국이 그 사상의 구현 방법이 무엇인가를 고민하다가 탄생한 것이 실용주의 철학이다. 내가 20세기 중반에 미국 대학들을 접해보면서 미국은 이미 영국의 공리주의 정신을 배경 삼은 실용주의 사상과 철학의 길을 개척하고 발전시키고 있다는 인상을 어디서나 느꼈다.

실용주의 철학이란 무엇인가. 서구 철학자들은 '열매 많은 것이 진리'라는 정신으로 대변한다. 정치 경제와 같은 사회문제에서 휴머니즘의 열매, 즉 많은 사람의 인간다운 삶의 가치 구현이라는 뜻이다.

그 철학적 결실이 미국의 사상적 국시(國是)가 되었다. 그 방법을 정치에 적용시킨 하나의 방도가 대통령 병행제였다. 행정적 결과를 높이기 위해서는 의회민주주의와 함께 대통령 중심 행정이 선도한다는 정치 방법이다. 우리도 그 제도를 택했다. 지금은 총리 제도도 그와 같은 방향이다.

가장 중요한 것은 방법론이다. 그 핵심 정신이 '대화를 통한 개선'의 방법이다. 주어진 이념에 몰입하는 혁명을 배제하고 폭력에 의한 개혁을 반대한다. 의견과 주장이 다른 개인과 사회집단이 A와 B의 대립을 더 미래지향적인 C라는 객관적 가치를, 대화를 통해 인출하고 C의 현실이 지속하는 동안에 또 다른 D라는 대립 현실에 봉착할 때는 다시 대화를 통해 C도 D도 아닌 E의 객관적 가치를 승화시켜 가는 방법과 방향이다.

여러 사회문제가 발생하면 무엇보다 사실에서 진실을 찾고, 그 진실에 근거해 더 높은 객관적 가치를 창출하는 사회과학적 방법이다. 거기에서는 흑백논리가 배제된다. 절대적 가치나 유일한 진리 등은 허용되지 않는다. 더 다양한 미래지향적 가치를 찾아 다수에게 소망스러운 결과를 창출하고 제공하는 병증적 방법이다. 공산주의는 혁명을 택하고 프랑스와 독일은 토론과 이념 갈등을 앞세웠으나 미국은 대화에서 개선의 길을 택했다.

미국 대학과
유럽 대학의 차이

그 선결과제는 '대화 교육'의 창출이다. 유럽 대학에서는 교수의 강의가 중심이지만 미국 대학은 문제를 제기하고 그 문제를 해결하는 대화와 토론 방법을 택했다. 중고등학교는 물론 대화 교육의 필요성을 초등학교 때부터 키워준다. 대화에 반대하거나 거부하는 것은 잘못이라고 규정한다.

내가 유럽식 강의를 하다가 미국 대학에서 발견한 차이점이었다. 교수가 결론을 제시하고 선생이 자기 지식을 가르치고 설명하는 방법을 넘어 학생 스스로가 객관적 결론을 찾아내도록 유도하는 교육이다.

우리 국회에서 보는 것 같은 폭력적 발언, 투쟁적 자세는 민주주의에 역행할 뿐 아니라 소통과 이해, 공존의 기회와 장(場)까지 스스로 포기할 뿐이다. 대화가 없으면 토론과 투쟁을 통한 개혁이 되고, 그 방법까지 한계에 이르면 혁명의 최후 수단이 된다. 대화는 사회 모순과 질환을 사전 예방하는 방법이다. 선입관이나 고정관념에 따르는 독선과 감정, 이해관계를 위한 투쟁을 최소화한다.

그 궁극적인 목적은 정의와 자유, 인간애의 완성이다. 더 많은 사람이 자유와 평등을 누리며 인간다운 삶과 그 가치를 찾아 성장 발전해 가는 가능성과 희망 창출을 실현하는 길이다. 그 핵심이 되는 것이 선한 윤리적 가치를 위한 공동체 의식이다.

◆

나중에 온 사람을
먼저 우대해 주는 사회

◇

○

인도의 간디는 20세기 사람이다. 그러나 그의 진실과 정직, 반(反)폭력과 인간 사랑의 정신은 21세기에 사는 우리가 깊이 새겨야 할 교훈이다.

지금 우리는 지도자들이 진실을 포기하고 국민은 폭력을 일삼는 사회에 살고 있다. 언어의 폭력은 정신적 폭력이다. 최근 종교계 성직자들까지 대통령에 대해 괴물, 비행기 사고로 죽었으면 좋을 사람이라는 폭언을 삼가지 않는 정황이다.

간디는 살아 있을 때 긴 여행을 떠난 적이 있다. 기차 안에서 읽기 위해 영국의 J. 러스킨(John Ruskin)의 저서 『이 최후의 사람에게』

를 가지고 떠났다. 크게 감명받은 간디는 모든 정치, 특히 경제문제 해결이 여기에 있다고 공감했다.

간디의
반폭력·인간 사랑 정신

러스킨은 어떤 사람인가. 예술평론가로 출발했다가 윤리적 가치관으로 사회를 비판한 사람이다, 아름다움과 사랑이 있는 역사를 개척하고 싶었다. 그런 가치관과 세계관은 어디서 얻었는가. 18세기 영국은 극심한 경제적 혼란에 빠져 있었다. 그 사회적 혼란 속에 비참한 혁명을 겪은 국가가 프랑스였다. 그러나 프랑스보다 더 위중한 현실에 처했던 영국은 유혈의 혁명을 거치지 않고 극복할 수 있었다. 그 시대를 이끌어준 선각자의 한 사람이 러스킨이다.

러스킨은 그 문제 해결을 바이블에서 받아들였다. 『이 최후의 사람에게』가 그 정신이다. 포도밭 주인이 이른 아침 시간에 하루 일거리를 구하는 사람과 적절한 임금을 약속하고 포도밭으로 보냈다. 오전 9시에도 같은 방법으로 일터를 제공했다. 실업자가 많았기 때문에 낮 12시, 오후 3시에도 노동자들에게 일거리를 주었다. 오후 5시 거리에 나갔다가 일자리를 찾지 못해 애태우는 사람들에게도 "내 포도밭으로 가 일하라"라고 보냈다. 저녁때가 되어 임금을 주게 되었다. 주인은 가장 늦은 오후 5시에 온 사람에게 처음에 약속한 사람과 같은 돈을 주었다. 오전 9시, 낮 12시, 오후 3시에 온 사람에게도 차례대로 지급했다. 새벽부터 온 사람과 오전 9시에 온 사람들은 더 많이 줄 것을 기대했는데 같은 임금을 받았다. 그들이 불평했다. 우리는 더 많은 시간 동안 고생했는데 불공평하다는 항의였다. 주인은 "당신에게 약속한 임금을 주었다. 저 사람들의 가족들이 적은 돈으로 굶어야 하겠기에 더 준 것이 내 잘못이냐"라고 타이른다. 그것이 예수가 남겨준 교훈이다.

정치와 경제문제의 궁극적인 목적은 무엇인가. 러스킨은 소외되고 버림받은 사람들에 대한 인간애의 의무라고 받아들였다. 자력으로 살아갈 수 있는 사람은 함께 가면 된다. 그러나 도움이 필요한 사람은 사랑을 받아야 한다. 국가와 정부의 최대 과제와 급선무는 거기에 있다. 기초 국민교육을 받지 못한 사람들, 가난 때문에 병고로 고통받는 사람들, 기본 경제의 혜택을 받지 못해 가난과 굶주림을 해결하지 못하는 사람들, 그들에게 보호와 사랑을 베풀지 못하는 국가와 정부는 존재의 의무와 가치를 스스로 포기한다. 이런 성스러운 의무와 책임을 소홀히 하거나 역행하는 정치나 경제정책은 역사의 심판을 받는다. 정부만이 아니다. 부를 독점하거나 향락으로 소비하는 사람들, 교육받지 못한 국민을 정치적으로 이용하는 공직자들이 사회악의 책임자들이다.

사회적으로 중책을 공인받은 기관들이 있다. 대학 같은 교육기관, 큰 시설을 갖춘 종합병원, 은행들은 그 기관 자체가 돈을 벌거나 소유하는 기관이 아니다. 사회경제를 도우며 국민을 위한 봉사기관이다. 그들은 세금을 받고 국민을 위해 일하는 공무원과 같은 사회적 책임을 가져야 한다. 학교 재벌, 돈 버는 병원, 스스로의 이권을 위한 금융기관은 사회경제 질서를 해치게 된다. 부를 차지하고 누리는 사람과 가정이 가난과 굶주림으로 고통받는 옆집의 가족을 멀리하는 사회는 부를 누릴 자격이 없다.

지배하는 권력 국가가 아니라
인간애 질서가 있는 국가로

지식은 왜 필요한가. 배우지 못한 사람들을 위할 때 그 보람을 얻는다. 의술은 왜 존경받는가. 환자를 위해 사랑을 베푸는 의무 때문이다. 돈 벌기 위해 의사가 되는 사람은 진정한 의사가 못 된다.

재산이 많이 있어도 개인과 가정은 중산층 생활로 자족하고 주변의 가난한 사람을 위해 기업과 경제활동을 하는 것이 국가를 위한 성스러운 사명이다. 경제활동의 궁극적인 목표와 가치는 무엇인가. 부가 더 많은 사람의 행복과 인간다운 삶을 위해 쓰이기 위해서다. 그런 인생관과 가치관을 갖고 사는 지도자와 국민이 많은 사회가 최선의 윤리적 가치와 사랑의 성과를 함께 누릴 수 있다.

러스킨과 간디가 공감한 진리는 정의로운 공정성은 필수적이며 언제나 타당성을 갖는다는 것이다. 그러나 그 정의로움만으로 인간적 삶의 가치가 완결되는 것은 아니다. 가정에서는 가족 간의 정의를 따지지 않는다. 정의만 따지는 부부는 이혼하게 되며 권리와 의무를 전부로 생각하는 부자간이나 형제간의 삶은 싸움으로 번질 수 있다.

교육계와 종교계에서는 정의를 따지지 않는다. 사제간에는 인격적인 사랑이 있어야 한다. 최근에 우리 주변에서 학생을 위한 인권 문제를 놓고 교사와 학부모가 싸움을 계속하고 있다. 교사와 학부모는 제자와 자제를 위해 협력하고 더 수준 높은 사랑으로 이끌어가야 한다. 아들딸을 위해 부부가 의견이 다르다고 해서 자녀를 불행하게 하는 부모는 이미 부모의 자격을 포기한 것이다. 가정과 교육기관 특히 종교기관에서는 언제나 정의의 가치를 사랑으로 완성하는 길을 선택한다.

대한민국의 역사도 그렇다. 가장 낮은 국가는 강자가 약자를 지배하는 권력 국가가 된다. 우리도 4·19 이전과 군사정권 기간에 그런 사회에 살았다. 그 한계를 극복하면서 법이 권력을 지배하는 법치국가로 성장한 것이 지금의 대한민국이다. 그러나 이제부터는 도덕과 인간애의 질서가 열매 맺는 국가로 새로 태어나야 한다. 정치는 주어진 이념이나 정권을 위해 존재하지 않는다. 국민의 행복과 인간 가치를 위해 봉사해야 한다. 그 본질은 나중에 온 사람을 먼저 위해주는 인간애의 정신이다. 그 사랑을 베푸는 사람이 감사와 존경의 대상이 된다.

♦

예순 넘어
함께 일할 수 있는
친구가 있다는 것

◇

○

초등학교 때 두 친구가 있었다. 중학교에 가게 되면서 점차 멀어지기 시작했다. 같이 갈 수가 없었기 때문이다. 한 친구는 북한에 남아 교육부 편집 일을 했다. 다른 친구는 탈북해 미국교회 선교부에서 회계 일을 하고 살았다. 착하고 양순한 친구였다. 서로 옛날 아름다웠던 인상은 갖고 있으나 각자의 삶을 영위하게 되었다. 100리 길을 동행하기는 불가능했다.

고등학교와 대학 기간을 함께 보낸 두 친구가 있다. 한 친구는 같은 대학에서 독문학을 전공했다. 아버지는 목사였다. 그러나 친형은 좌파 언론계 지도자가 되었다. 일제강점기 때, 경성제국대학에서 한국 세 수재가 있었다고 전해졌다. 한 사람은 고려대학교 총장을 지냈고 대한민국 헌법을 기초한 유진오, 다음은 초창기부터 공산주의자로 알려진 이강국, 그리고 마지막 인재는 좌파 사상계를 대표하던 박치우이다. 내 친구 박치원이 바로 그 친동생이다. 기독교 신앙을 같이했고 기독교 학교에서 성장했기 때문에 여러 면에서 서로 믿고 존경하면서 지냈다. 대학에 있을 때도 그랬다. 또 한 친구 허경남도 마찬가지였다. 신앙과 애국심의 동지였다. 허경남은 후에 허갑으로 개명했기 때문에 사회적으로는 허갑으로 알려져 있다.

정치적 이념이
헤어짐을 만든 순간

내가 1947년 탈북해 서울에 왔을 때 박치원은 서울대학교에서 독일어를 가르치고 있었다. 북한 실정을 물었다. 김일성을 만났던 때부터 내가 겪은 이야기를 했다. 박 형은 조심스럽게 몇 가지 질문을 했다. 친구로서의 나를 믿기는 하면서도 북한이 아무리 잘못되었다고 해도, 대한민국만큼이야 무질서하고 부패했겠느냐고 걱정

3부 . 선한 개인들이 자유롭고 행복해지기 위하여

했다. 그러면서 여기는 좌우의 대립이 심각하니까 당분간은 정치면의 발언은 서로 삼가자는 얘기였다. 형 박치우가 좌파 언론을 이끌어오기 때문에 고민하는 듯싶었다.

6·25전쟁 직전에 박치우는 월북했고, 치원 군은 많이 고민하다가 부친보다는 형의 노선을 따라 북으로 갔다. 확실하지는 않으나 여러 정보를 종합해 보았다. 형은 김일성 정권이 투쟁 훈련을 받아야 한다고 빨치산에 편입시켜 전사했다는 소식이었다. 두세 차례 미국에 갔을 때 국회도서관에서 북한에 관한 정보가 있을까 싶어 찾아보았다. 도서관 한국 관계 책임자인 양기백이 동창이었기 때문에 계속 조사해 보았으나 박치원에 관한 내용은 찾아볼 수 없었다. 김일성 정권은 마르크스사상 이론가들을 배제하고 행동파들이 좌우했다. 함경도와 남한에서 간 이론파들은 실권에 동참하지 못했다. 내가 북한에 있을 때 김일성 주변 사람들을 보았기 때문에 예측할 수 있었다.

허갑은 박치원보다 더 가까이 지냈다. 내가 학도병을 피해 일본에서 방황할 때, 차라리 만주로 가는 것이 어떨까 고민하고 있을 때였다. 허 형이 꿈에 나타나 여기는 더 불안정하니까 당분간은 일본에 남아 있으라고 알려준 적이 있을 정도였다. 해방이 된 해 가을이었다. 평양시 서문 밖 거리를 걷고 있는데 맞은쪽에서 내 이름을 부르며 뛰어오는 이가 있었다. 허 형이었다. 부둥켜안으며 꼭 같은 첫 인사가 "살아 있었구나!"였다. 허 군은 우리보다 열정적인 성격이었다. 와세다대학교에서 정치·경제학을 공부했다. 여동생과 같이 있었기 때문에 한 달에 한 번쯤은 찾아가곤 했다. 부친은 만주 한인교회 원로 장로였고 허 군도 열성적인 기독 학생 운동에 참여했다. 만주에 거주하면서 항일운동에 참여하다가 한글학자 김두봉 밑에서 공산주의에 빠져들기 시작했다. 후에는 당원이 되고 김두봉 일파로 평양에 입국했다.

그날 밤, 우리 둘은 내 여동생 집에서 긴 시간을 함께 보냈다. 허 형은 많이 변해 있었다. 내가 가장 혐오했던 공산주의자가 되어 있었다. 밤늦게 잠에 빠졌다. 아침에 우리는 서로 달라진 친구를 발견했다. 허 군과 나는 건너기 힘든 강 양쪽에 서 있는 것 같았다, 그래도 사정이 허락되는 대로 다시 만나자면서 헤어졌다.

얼마 후에 나는 허 군이 공산당 평양시 선전부장이 되어, 숭실전문학교 이층 사무실에 있다는 소식을 들었다. 나는 고향에서 작은 사립중학교를 책임 맡고 조용히 숨어 지냈다. 더 북한에 머물 수가 없어 탈북을 결심하면서 한 번 더 허 형을 만나보고 싶었으나 발걸음이 옮겨지지 않았다. 상당한 세월이 지난 뒤였다. 내 후배가 허 형을 만났다. 허 형이 김형석 형은 어떻게 지내느냐고 물었다.

후배가 "여기를 떠났을 겁니다"라고 했더니, 말없이 창문을 내다
보다가 눈물을 훔치더라는 얘기였다. 그 후배가 서울에 와서 들려
준 얘기다. 그날 밤 나도 하늘을 쳐다보면서 눈물을 흘렸다. 산다
는 것이 너무 힘들고 선하고 아름다운 인생은 허락되지 않는 것 같
았다.

　그 후에 허 갑은 실권에서 밀려나기 시작해 공산당 학교에 교
수로 있다가 거기에서도 이단 반역으로 몰려 아오지로 갈 운명이
되니까 자살했다고 전해 들었다. 족히 그렇게 할 수 있는 성격과
열정을 지니고 있었다. 그렇게 해서 나는 두 친구와 헤어졌다. 그
때부터 나는 앞으로 100여 년 동안은 좌우의 대결은 정치적 이념
의 대립인 동시에 기독교 정신과 유물사관의 대결이라고 받아들
였다. 두 정신세계 사이에는 합칠 수 없는 강물이 흐르고 있었다.

고독한 군중 속에서
만난 두 친구

친구가 없는 10여 년의 세월을 살았다. 탈북해 7년 동안 중앙중고
등학교 교사로 있었다. 같이 일하는 동료는 있었으나 친구는 없었

다. 사랑하는 제자들이 친구를 대신해 주었다. 6·25전쟁을 겪었다. 연세대학에서 몇 해를 보냈다. 그러나 삶을 함께하는 친구는 없었다. 많은 사람이 같이 일했으나 친구다운 친구는 없었다. 미국대학에 머물러 보았다. 미국 교수들은 함께 주어진 일을 하는 자아의식이 너무 강했다. 이상할 정도로 미국 교수들은 개인주의라고 생각했다. 연세대학교도 비슷했다. 친구로 믿고 함께할 사람이 없었다. 정년퇴직하고 헤어져 10년이 지나면 모두가 친구가 없이 홀로라는 고독한 사람들로 변할 것 같다. 사회학자들이 '고독한 군중'이라는 개념을 내놓을 만도 하다.

1950년대에도 좋은 교수를 유치하려는 대학들이 많았다. 김태길 교수가 윤리학을 전공하고 귀국했다는 소식을 들었다. 서울대학교와 고려대학교에도 윤리학 전공의 교수가 없었다. 연세대학교에서는 내가 강의했다. 내가 방향을 좀 바꾸더라도 좋은 교수를 놓치고 싶지 않았다. 연세대학교에 오면 어떠냐고 타진했다. 며칠 후 승낙을 받았다. 그때만 해도 연세대학교에서는 가능하면 크리스천 교수를 원하던 때였다. 내가 김 교수의 동의를 얻고 몇 차례는 일요일마다 함께 교회로 가는 일을 도왔다. 김 교수도 내심 감사히 생각해 주었다. 그렇게 해서 김태길 교수와 친분을 쌓았다. 존경스러운 학자였다. 후에는 모교인 서울대학교로 옮겨 서울대를 대표하는 철학 교수가 되었다. 직장은 달라졌으나 우리의 우정은 더욱 돈독해졌다.

안병욱 교수는 《사상계》 편집인으로 있을 때부터 만나기 어려울 정도로 바쁘게 지냈다. 하늘이 맺어준 인연이라고 할까, 1961년 같은 비행기를 타고 미국에 가게 되었다. 고향도 같은 북한 탈북민이었다. 평안도 기질은 어딜 가나 비슷한 데가 있다. 비행기가 괌섬에 내렸다가 하와이로 갔다. 태평양의 낙원이라고 부르는 하와이에서 며칠 보냈다. 샌프란시스코까지 동행했다. 그 사이에 거리감 없는 한마음 비슷한 것을 느꼈다. 다음 해 늦은 봄, 우리 둘은 다시 뉴욕에서 만났다. 하버드대학교에서 같이 한 학기를 지낸 서울대학교 사학과 한우근 교수도 함께였다. 셋이 유럽 전 지역과 아프리카까지 긴 여행을 다녔다. 한 교수도 평안도 출신 선비였다. 우리 셋이 만나면 인생에서 가장 행복한 시간을 보냈다면서 감사해했다.

이렇게 지난 3~4년 후에는 안병욱 교수는 숭실대학의 중견 교수가 되었다. 우리 셋은 1920년생이다. 비슷한 철학 분야를 담당했다. 모두가 대학 때부터 문학을 좋아했기 때문에 명필가로도 알려졌다. 그 후부터 50년 동안 같은 분야에서 같은 철학과 사상계에서 일했기 때문에 일찍부터 철학계의 삼총사로 알려져 왔다. 많은 독자를 차지했고, 철학과 현실사회를 연결 짓는 역할을 개척했다. 대학 철학을 교수들끼리의 상아탑에서 강의하던 철학을 인문학 영역으로 확장시키는 역할을 담당했다. 물론 거기에는 장단점이 있다. 그러나 서구 철학계로부터 수용해 전달하던 단계를 넘어 철학을 우리 사회로 재출발하는 계기가 되기도 했다. 김태길 교수는 박종홍 교수의 뒤를 이어 학구적 업적을 남겨주었다. 사회활동에서 철학 정신과 사상을 생활화시키는 책임은 안 교수가 적임자였을지 모른다. 내가 그 중간에서 연결작업을 했다고 보는 이들도 있다. 물론 우리 후배 교수들은 한 단계 더 올라선 한국적 철학, 한국학자로서의 철학 위상을 높여주는 역할을 담당해 줄 것이다. 우리 셋은 그 과도기적 임무를 담당했으니까.

공동체 의식과
책임감을 함께한 우정

우리 셋은 어떻게 자타가 공인하는 우정을 갖게 되었는가. 두 친구의 인품과 인격이 존경스러웠기 때문이다. 예를 들면 우리만큼 무한경쟁에 처한 사람도 없을 것이다. 그러나 우리는 이기적 경쟁에 몰입된 처사는 하지 않았다. 나를 위해서는 다른 경쟁자가 잘못해야 한다든지 내 편 사람을 만들어 지지자나 세력을 쌓아 올리는 일은 하지 않았다. 선의의 경쟁은 불가피했을 것이다. 그러나 나보다 상대방의 장점을 인정하고 칭찬해 주는 것은 당연했다. 지나친 표현이 될지는 모르겠으나 사랑이 있는 경쟁을 했다. 내 친구가 나보다 더 값진 일을 했을 때는 도와주고, 실수했을 때는 위로와 협력을 아끼지 않았다. 무엇이 그 원인이었을까. 일제 강점기를 살았고 나와 안 교수는 탈북민이기 때문에, 모든 것을 국가와 국민을 위해 일했고, 가치판단의 기준으로 삼았기 때문이다. 누가 사회와 문화계를 위해 더 많은 일을 하고 건설적 기여를 하는가에 뜻을 모았기 때문이다. 지금 돌이켜보면 셋이 만나게 되면 나와 우리를 위한 관심이나 대화는 없었다. 확대해서 말하면 애국심이고 지금의 표현을 빌린다면 공동체 의식과 책임감이 강했던 것 같다.

셋이 다 65세 정년이 되면서도 역사적 관심과 정신계에 대한 책임감이 강했기 때문에 80세까지는 자타가 인정하는 사회활동을 계속했다. 여든이 넘어 만났을 때도 아흔까지는 지금의 일을 연장해 가자고 약속했을 정도였다. 그 뜻이 이루어져 누구보다도 많은 일을 할 수 있었다.

우리의 간접적 친구였던 적십자 서영훈 총재는 누구를 만나던지 우리 셋의 우정과 활동을 부러워했다. 개인적으로 나를 대할 때는 언제나 안병욱, 김태길 교수의 애기를 함께 꺼내곤 했다. 강영훈 전 총리도 오래 군대 생활을 했으나 우리 셋 같은 우정은 갖지 못했다면서 부러워했다. 50년 동안 함께 일하면서 우정은 더욱 두터워졌고 서로 도우면서 더 많은 일을 할 수 있었다. 아흔을 앞두고 있을 때였다. 내가 김태길 교수에게 "더 늙기 전에 시간을 만들어 우리 셋의 우정을 나누면 어떨까"라고 전화를 걸었다. 김 교수의 대답은 뜻밖이었다. "너무 늙었어, 못다 한 일이나 잘 끝내면 좋겠어. 내가 경험해보니까 인생에서 가장 어려울 때는 사랑하는 사람을 먼저 보내고 남았을 때여서, 이렇게 살다가 정을 남기기보다는 일을 남기고 가자. 차례가 되면 한 사람씩 가야 하는데, 마지막에 남는 친구의 심정을 생각해서라도… 그대로 일하다가 가는 편이 좋아…." 라는 의견이었다. 자기가 먼저 가게 되리라는 예감이라도 있었을까, 먼저 우리 곁을 떠났다.

안 선생 경우도 그랬다. 작별을 예고하는 전화였다. "요사이 이런저런 생각을 해보는데, 아무래도 김 선생이 혼자 남을 것 같아. 김 선생은 우리보다 정신력이 강하니까 우리가 못다 한 일을 마무리해 주었으면 좋겠어"라는 것이 유언이었다. 나는 두 친구를 보내고도 10여 년을 넘기고 있다. 고독하고 힘이 든다. 그래도 두 친구

3부 . 선한 개인들이 자유롭고 행복해지기 위하여

가 지금은 나와 같이 있는 것 같다는 생각을 하면서 하루하루를 보내고 있다.

지금도 기도드리는 마음이다. 많은 후배가 예순을 넘기면서 이웃과 사회를 위해 함께 일할 수 있는 친구들과 여생을 보내주기를 바란다.

KI신서 11823

김형석, 백 년의 지혜

1판 1쇄 발행 2024년 5월 8일
1판 8쇄 발행 2025년 1월 20일

지은이 김형석
펴낸이 김영곤
펴낸곳 (주)북이십일 21세기북스
인생명강팀장 윤서진 **인생명강팀** 박강민 유현기 황보주향 심세미 이수진
디자인 디자인규
출판마케팅팀 남정한 나은경 최명열 한경화 권채영
영업팀 변유경 한충희 장철용 김영남 강경남 황성진 김도연
제작팀 이영민 권경민

출판등록 2000년 5월 6일 제406-2003-061호
주소 (10881) 경기도 파주시 회동길 201 (문발동)
대표전화 031-955-2100 **팩스** 031-955-2151 **이메일** book21@book21.co.kr

ⓒ 김형석, 2024
ISBN 979-11-7117-511-6 (03190)

(주)북이십일 경계를 허무는 콘텐츠 리더

21세기북스 채널에서 도서 정보와 다양한 영상자료, 이벤트를 만나세요!
페이스북 facebook.com/jiinpill21   포스트 post.naver.com/21c_editors
인스타그램 instagram.com/jiinpill21   홈페이지 www.book21.com
유튜브 youtube.com/book21pub

서울대 가지 않아도 들을 수 있는 **명강의!** 〈서가명강〉
'서가명강'에서는 〈서가명강〉과 〈인생명강〉을 함께 만날 수 있습니다.
유튜브, 네이버, 팟캐스트에서 '서가명강'을 검색해보세요!